Umwelt*freunde* 4

Ein Sachbuch
für die Grundschule

Herausgegeben von
Inge Koch

Erarbeitet von
Silvia Ehrich
Inge Koch
Christine Köller
Rolf Leimbach
Gerhild Schenk
unter Mitarbeit der Redaktion

VOLK UND WISSEN

Umwelt*freunde* 4

Herausgegeben von
Inge Koch

Erarbeitet von
Silvia Ehrich, Inge Koch, Christine Köller, Rolf Leimbach,
Gerhild Schenk unter Mitarbeit der Redaktion

Unter Einbeziehung der Ausgabe von
Heike Dietrich, Hannes Hüttner, Inge Koch, Rolf Leimbach,
Ute Schelenz, Gerhild Schenk, Diana Voß

Redaktion: Britta Frosina, Christa Krauthakel, Barbara Bütow
Bildrecherche (Foto): Janin Hacker, Peter Hartmann
Illustrationen: Uta Bettzieche (Detektiv und Hund, Kapitelvignetten),
Gabriele Heinisch (8/2, 9, 35), Katharina Knebel (6 – 7, 8/1, 11, 12, 14 – 15, 22, 32 – 33, 36 – 38, 42 – 43, 46/1/3, 48, 50/1 – 7, 51/1, 52, 54 – 56, 58 – 64, 70 – 71 (Flyer), 71/1 – 4, 78, 96, 103, 106 – 107, 110, 112, 114/1 – 6, 120 – 121, 127/1), Christiane Mitzkus (49/2, 51/3, 76/12, 114/7, 115, 125/1 – 3), Tanja Székessy (5, 116), Karl-Heinz Wieland (16 – 17, 19, 21/1 – 2, 23 – 25, 30, 44, 46/2, 49/1, 76/6 – 9/11 – 12, 83, 98 – 101, 122 – 124, 125/4), Hans Wunderlich (18, 20, 26, 29, 65, 68 – 69, 72 – 73, 76/1 – 5), 87, 89 – 91, 94, 118 – 119, 127/2)
sowie Viola Beyer (21/3/5), Hajo Blank (50/8), Cornelsen Verlagsarchiv (8/3, 21/6), Harri Förster (27), Kirsten Höcker (121/Mitte), Sandra Menke (86), Adja Schwietring (85), Steffen Walentowitz (21/4, 51/2)
Umschlaggestaltung: tritopp, Berlin; Katharina Knebel (Illustration),
Uta Bettzieche (Detektiv und Hund)
Lay-out und technische Umsetzung: tritopp, Uwe Becker, Berlin

www.vwv.de

Die Links zu externen Webseiten Dritter, die in diesem Lehrwerk angegeben sind,
wurden vor Drucklegung sorgfältig auf ihre Aktualität geprüft. Der Verlag übernimmt
keine Gewähr für die Aktualität und den Inhalt dieser Seiten oder solcher,
die mit ihnen verlinkt sind.

1. Auflage, 5. Druck 2016

© 2011 Cornelsen Verlag/Volk und Wissen Verlag, Berlin
© 2013 Cornelsen Schulverlage GmbH, Berlin

Alle Drucke dieser Auflage sind inhaltlich unverändert
und können im Unterricht nebeneinander verwendet werden.

Das Werk und seine Teile sind urheberrechtlich geschützt.
Jede Nutzung in anderen als den gesetzlich zugelassenen Fällen bedarf
der vorherigen schriftlichen Einwilligung des Verlages.
Hinweis zu den §§ 46, 52 a UrhG: Weder das Werk noch seine Teile dürfen ohne
eine solche Einwilligung eingescannt und in ein Netzwerk eingestellt
oder sonst öffentlich zugänglich gemacht werden.
Dies gilt auch für Intranets von Schulen und sonstigen Bildungseinrichtungen.

Druck: Mohn Media Mohndruck, Gütersloh

ISBN 978-3-06-082366-6

PEFC zertifiziert
Dieses Produkt stammt aus nachhaltig
bewirtschafteten Wäldern und kontrollierten
Quellen.
www.pefc.de

Inhalt

5	**In der Schule** 
6	„Top-Schule"! – Aber wie?
8	Streitschlichter im Einsatz
10	Lernen ist ein Kinderrecht
12	Wie gut ist meine Präsentation gelungen?

13	**Im Herbst** 
14	Unsere Waldexkursion
16	Der Wald als Lebensraum
18	Pflanzen des Waldes
19	Pilze des Waldes
20	Tiere des Waldes
22	Den Wald nutzen und bewahren
24	Der Wald als Regenfänger und Wasserspeicher
25	Leben im Boden
26	Den Boden im Schulgarten pflegen und untersuchen
28	Mohrrüben im Schulgarten anbauen
30	Dem Fuchs auf der Spur mit Buch und CD-ROM

31	**Miteinander leben**
32	Wie Jung und Alt zusammenleben
34	Berufe und Arbeitsplätze
35	Eine Betriebsbesichtigung bei Flachglasherstellern
36	Jedes Kind hat Rechte
38	Argumentieren lernen – Probleme lösen

39	**Im Winter** 
40	Feuer – es brennt, es wärmt, es leuchtet
42	Feuer – Nutzen und Gefahren
44	Winterlichter bei uns …
45	… und anderswo
46	Brandschutzregeln

47	**Das tut mir gut** 
48	Tipps für deine Gesundheit
55	Wie die Zeit der Pubertät beginnt
56	Jungen und Mädchen – muss das schwierig sein?
58	Ein Mädchen entwickelt sich zur Frau
59	Ein Junge entwickelt sich zum Mann
60	Bevor Georg auf die Welt kam
62	Unser Leben mit Georg
64	Zeitverläufe darstellen

65	**Kreuz und quer durch unser Land** 
66	Mit der Landeskarte arbeiten
68	Unser Land Sachsen-Anhalt im Überblick
70	Porträt der Landeshauptstadt Magdeburg
72	Von Findlingen und Ziegelsteinen …
73	… von einer Perle und 1000 Gräben
74	Unterwegs in unserem Land – in der „Toskana des Nordens" …
75	… und bei den Halloren
76	Unterwegs in unserem Land – …
77	… Verkehrswege verbinden
78	Unterwegs in unserem Land – auf Flüssen, …
79	… Brücken und Kanälen
80	Süßes Gold in der Börde – von der Zuckerrübe …
81	… zum Weißzucker
82	Von der Wiege Deutschlands bis zum Nationalpark Harz
84	Radwandern auf dem Himmelsscheibenradweg
85	Radausflug oder Autotour?
86	Geprüft und sicher – Rad und Radfahrer
92	Das Land Sachsen-Anhalt in Deutschland

93	**Seltsames und Interessantes**	128	Bildquellen
94	Fragen und forschen		Umschlagseite:
96	Neugier steckt an		Landeskarte Sachsen-Anhalt
97	**Frühling am Gewässer** 	12	Freundeseite
98	Am Wasser entdeckt …		
99	… im Wasser versteckt		
100	Gute Schwimmer: Wasserfrosch und Seerose		
102	Gewässer schützen		
104	Pflanzen und Tiere fotografieren		

105 **Unsere Welt – früher und heute**
106 Leben in der Stadt vor 100 Jahren
107 Leben in der Stadt heute
108 Kleine Geschichte des Fahrrades
109 Fahrradnutzung heute
110 Einen Geschichtsfries gestalten

111 **Konsum und Medien**
112 Was Werbung will
113 Wie Werbung arbeitet
114 Brauchen Kinder Geld?
115 Verlockend für Mädchen und Jungen
116 Werbung selbst gestalten

117 **Im Sommer**
118 Sommerblumen und Staudengewächse
120 Wie Blüten aufgebaut sind
122 Woher kommt das Trinkwasser?
124 Wohin fließt das Abwasser?
126 Wenn bei uns Sommer ist …
127 Ein Schema zeichnen

In der Schule

Wie kann ich in der Schule mitentscheiden?
Wobei helfen Streitschlichter?
Können alle Kinder in der Welt so lernen wie wir?

In der Schule

„Top-Schule"! – Aber wie?

Zum Beginn des Schuljahres klebt eine weiße Tapete an der Wand im Schulflur. Hat ein Maler in den Ferien hier Unfug getrieben? Hat er in eine falsche Richtung tapeziert? „Nein, nein", erklärt die Schulleiterin lächelnd, „hier ist Platz, um in den ersten Schulwochen Ideen für unser Schulleben zu sammeln. Jeder kann dazu schreiben, malen oder etwas aufkleben."
Sie schreibt eine Frage auf die Tapete.
Und so sieht die Wandzeitung nach zwei Schulwochen aus:

Wie wird unsere Schule eine „Top-Schule", in der alle gern lernen,

Ich möchte mit meiner Klasse eine Hausordnung aufstellen.
Alle können ergänzen.
Alle können abstimmen.
Wiebke Heiner
– Lehrerin –

Wir pflanzen neue Bäume auf dem Schulhof. Bäckermeister Baer

Alle grüßen sich. Ina

Weniger Hausaufgaben Tilo + Hans

Saubere Toiletten Conrad P.

ICH LUSTIGE BÜCHER (SUPERMAN) Fred

Wir probieren neue Wege zum Lernen aus.
Lernfest
Projekte
Werkstatt
LERNEN
Alle Lehrerinnen und Lehrer

KUNSTUNTERRICHT IN MEINEM ATELIER ANNA GÖTZ

KLARA

Demokratische Verhaltensweisen im Schulalltag wahrnehmen, diese als eigene Handlungsmöglichkeiten erkennen; sich an Entscheidungsprozessen beteiligen

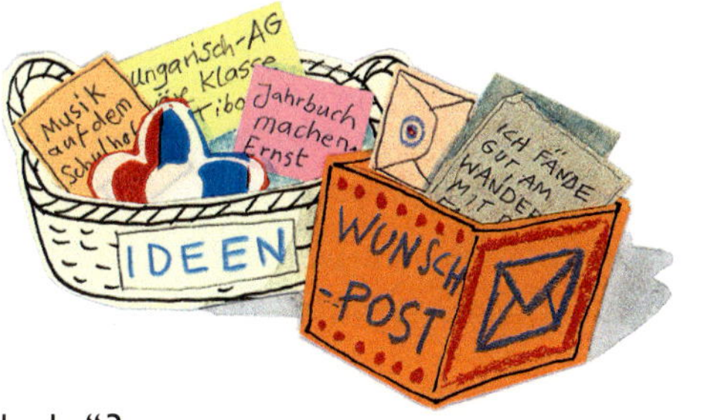

Musik auf dem Schulhof
Ungarisch-AG für Klasse 4 Tibor
Jahrbuch machen Ernst
ICH FÄNDE GUT AM WANDERTAG MIT
IDEEN
WUNSCH-POST

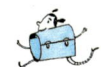

Reicht die Wandzeitung für die Vorschläge nicht aus, können bunt bemalte Kartons oder Körbe auf dem Schulflur stehen, als schöne Briefkästen für gute Ideen.

1 Sammelt auf der Klassenratssitzung Vorschläge zum Thema: Wie wird unsere Schule eine „Top-Schule"?

2 Besprecht ein Vorhaben, das ihr in diesem Schuljahr gemeinsam verwirklichen wollt.

...ern arbeiten und sich wohlfühlen?
Wir bauen eine Bildergalerie. Elternvertreter Klasse 4
Ein Sommer-Sportfest mit dem Sportlehrer planen. Erik 3a
Reden über Zensuren am Elternabend. Frau Meyer
Lese- und Schreibzimmer einrichten. Tobi Kl. 2
Alles über Bienen erzähle ich in meinem Garten. Imker Schulz
Wir wünschen uns eine Arbeitsgemeinschaft SCHWIMMEN. Frauke

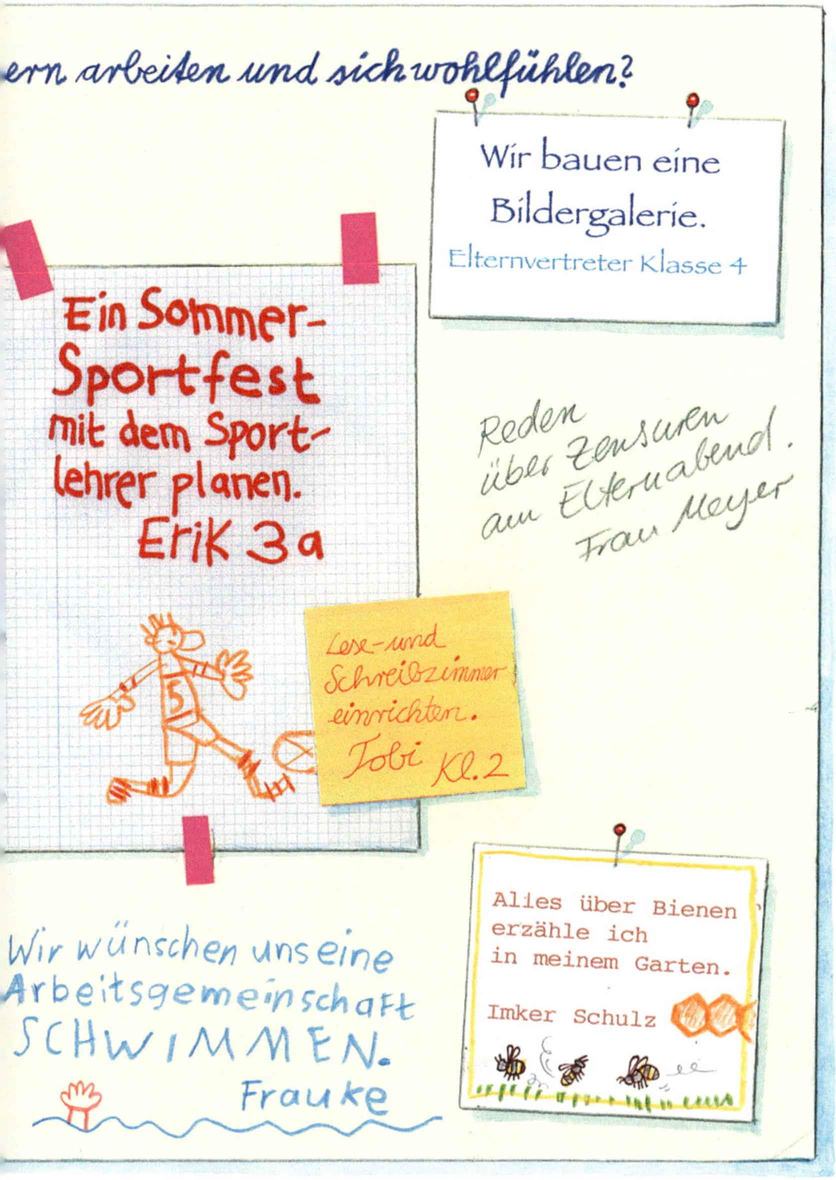

Ein Vorhaben planen

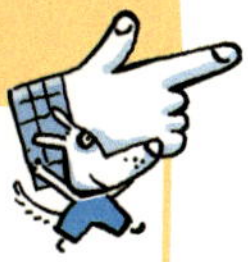

- Was nehmen wir uns vor?
- Welche Teilziele stellen wir uns?
- Was ist zu tun?
- Wer macht mit?
- Wen bitten wir um Hilfe?
- Welches Material brauchen wir?
- Bis wann muss etwas fertig sein?

Am Ende des Schuljahres wird die Schule präsentieren, was aus den Ideen geworden ist.
Gestaltet dazu Plakate, Übersichten, Rollenspiele, Vorträge oder eine Internetpräsentation.

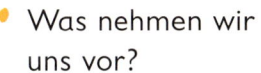

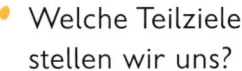

In der Schule

Streitschlichter im Einsatz

Unter Kindern kommt es manchmal zum Streit. Meist fühlt man sich danach gar nicht gut und möchte sich am liebsten so schnell wie möglich wieder vertragen.

Was aber tun, wenn man Angst hat, auf den anderen zuzugehen? In diesem Fall hilft ein Streitschlichter.

Nach einem Streit

1. Die Streitschlichtung eröffnen
Die Streitenden und die Streitschlichterin treffen sich gemeinsam an einem Tisch und stellen einander vor. Es wird besprochen, welche Gesprächsregeln gelten und was erreicht werden soll. Alle müssen damit einverstanden sein.

Hilfe! Ich brauche einen Streitschlichter.

5. Einen Vertrag abschließen
Sind alle mit dem Lösungsvorschlag einverstanden, wird dieser in einem Vertrag festgehalten. Diesen Vertrag unterschreiben alle Teilnehmer der Streitschlichtung. Am Ende wird ein neues Treffen vereinbart. Dort wird überprüft, ob alle die Vereinbarungen eingehalten haben.

Konfliktsituationen differenziert betrachten und angemessen reagieren

In der Schule

Rollenspiel: Einen Streit schlichten

1 Macht euch mit der Streitschlichtung vertraut. Arbeitet dann in Gruppen wie im Wegweiser.

- Wählt einen Streit aus, der in eurer Klasse passiert ist.
- Spielt die Streitschlichtung:
  – Benennt Streitschlichter und Beteiligte.
  – Findet Gesprächsregeln.
  – Schreibt abschließend den Streitschlichtervertrag auf ein Blatt.

Streitschlichter nennt man auch Mediatoren.

2. Die Probleme benennen
Die Streitschlichterin hört sich nacheinander die Probleme der Beteiligten an.
Wichtige Punkte werden notiert und anschließend noch einmal vorgetragen.
Die Streitschlichterin gibt keine Ratschläge.

3. Offene Fragen klären
Nun stellt die Streitschlichterin Fragen.
So finden alle heraus, warum es zum Streit kam und wie sich die „Streithähne" jetzt fühlen.
Die Streitenden versuchen, sich in den anderen hineinzuversetzen.

4. Eine Problemlösung finden
Die beteiligten „Streithähne" finden allmählich eine Lösung.
Ihre Lösungsvorschläge werden gemeinsam diskutiert.
Die Lösung muss erfüllbar sein.
Niemand darf benachteiligt werden.

Damit wir uns wieder vertragen, würde ich …

Ich wünsche mir von dir …

Einen angemessenen Umgang mit Kritik, Kompromissen und Alternativlösungen anstreben, Toleranz üben

In der Schule

Lernen ist ein Kinderrecht

Im Jahr 1989 wurde von der Vollversammlung der Vereinten Nationen die Kinderrechtskonvention verabschiedet. Darin steht, dass jedes Kind ein Recht auf Bildung hat.

Bei uns in Deutschland

Für alle Kinder besteht eine Schulpflicht.

Schulpflicht bedeutet, dass alle Kinder in Deutschland spätestens ab dem siebten Lebensjahr in die Schule gehen müssen. Schularten, Pflichtschulzeit und die Inhalte des Unterrichts sind in den Bundesländern aber unterschiedlich. So gehen in manchen Bundesländern die Kinder vier Jahre in die Grundschule, in anderen sechs Jahre.

Wer eine staatliche Schule besucht, muss bei uns keine Schulgebühren bezahlen. Es gibt aber auch Privatschulen, für die die Eltern Schulgeld entrichten.

Zum Recht der Kinder auf Bildung gehört, dass alle Kinder die gleichen Chancen für das Lernen bekommen. Das muss in Deutschland noch verbessert werden.

Vereinte Nationen (UN):
Das ist eine Organisation, in der sich viele Staaten zusammengeschlossen haben. Ziel ist die Sicherung des Friedens auf der Welt und die Einhaltung der Rechte der Völker und Menschen.

Vollversammlung:
An dieser Versammlung nehmen möglichst alle Staaten teil, die Mitglied der Vereinten Nationen sind.

Kinderrechtskonvention:
Zum Thema Kinderrechte wurde von den Vereinten Nationen ein gemeinsamer Beschluss gefasst und von fast allen Staaten unterschrieben. Konvention bedeutet Übereinkunft.

1 Diskutiert, warum es ein „Kinderrecht auf Bildung" gibt.

In der Schule

Nicht in allen Staaten der Erde ist das Recht auf Bildung der Kinder verwirklicht, obwohl sie die Kinderrechtskonvention unterschrieben haben. Ungefähr 80 Millionen Kinder auf der Welt gehen aus verschiedenen Gründen nicht in die Schule.

Pablo aus der 4. Klasse interessiert sich besonders dafür, wie das Recht auf Bildung in einigen Ländern verwirklicht wird.
Er informiert sich im Internet, präsentiert seine Ergebnisse und zeigt Fotos.

In Kenia wurden 2003 die Schulgebühren für die Grundschule (1.–8. Klasse) abgeschafft. Trotzdem gehen von 100 schulpflichtigen Kindern nur etwa 80 in die Schule.
Die Eltern haben oft mehrere Kinder und können die Schuluniformen und das Unterrichtsmaterial nicht bezahlen. Manchmal sind gute Schulen auch weit von den Dörfern entfernt. Die Kinder müssten im Internat wohnen, aber das ist für viele Eltern unbezahlbar.

In Thailand gibt es eine 9-jährige Schulpflicht. Lehrer genießen dort ein hohes Ansehen. Die Kinder müssen in der Schule viel auswendig lernen. Sie werden zu Bescheidenheit und Zurückhaltung erzogen. Die Kinder fragen kaum, wenn sie etwas nicht verstanden haben. Freiarbeit gibt es in der Schule nicht. Die meisten Kinder verlassen die Schule nach 9 Jahren, weil das Lernen auf weiteren Schulen bezahlt werden muss. Dafür fehlt vielen Eltern das Geld.

Obwohl in Peru die Grund-Schulbildung für die Kinder kostenlos und verpflichtend ist, können arme Familien das Geld für die Schulmaterialien kaum bezahlen. Viele Kinder arbeiten deshalb den ganzen Tag oder auch nach der Schule. Zum Beispiel verdienen sie Geld in der Landwirtschaft, in Steinbrüchen, in Ziegeleien, als Goldwäscher, Müllsammler, Schuhputzer, Transporthelfer. Das Land hat Gesetze verabschiedet, um die Kinderarbeit einzudämmen. Vielleicht können so wieder mehr Kinder die Schule besuchen.

Freundeseite In der Schule

Wie gut ist meine Präsentation gelungen?

Zu jeder Präsentation gehört eine Nachbesprechung:
- Was ist gut gelungen?
- Was muss noch verbessert werden?

Vor jeder Präsentation solltet ihr festlegen, nach welchen Merkmalen ihr die Präsentationen bewerten wollt.
Stellt am besten eine Tabelle zusammen und listet darin eure Vorschläge zur Bewertung auf.
So weiß jeder, worauf besonders zu achten ist.

1 Lest den Bewertungsbogen. Ergänzt noch Merkmale.

 Das ist gut gelungen.

 Das ist zum Teil gelungen.

 Das ist nicht gut gelungen.

Thema: Sind Eisbären vom Aussterben bedroht?

Bewertungsbogen: Leon

Das wird zum Vortrag bewertet	So wird bewertet		
	gut gelungen	zum Teil gelungen	nicht gut gelungen
Wurden Schwerpunkte dargestellt?	☺		
Hat der Redner das Interesse der Zuhörer/Zuschauer geweckt?			
Wurden passende Medien eingesetzt?			
Konnten alle Zuhörer/Zuschauer ...			
...			

Leon hat alle wichtigen Punkte richtig erklärt.

Die Tabellen waren aber unübersichtlich.

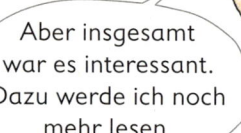

Aber insgesamt war es interessant. Dazu werde ich noch mehr lesen.

Im Herbst

Was können wir im Wald entdecken?
Wie nutzen und bewahren Menschen den Wald?
Warum müssen wir den Boden im Schulgarten regelmäßig pflegen?

Im Herbst

Unsere Waldexkursion

Auf einer Exkursion in den Lebensraum Wald könnt ihr erforschen, wie hier zahlreiche Pflanzen und Tiere zusammenleben und wie gut sie an das Leben im Wald angepasst sind.
Notiert vor eurer Exkursion für jede Gruppe genaue Forscheraufträge. Legt das Arbeitsmaterial bereit. Besprecht auch den Wege- und Zeitplan.

- Ich will in die Ferne sehen.
- Sammelbehälter mitnehmen!
- Zum Vergrößern
- Kleine Tiere fangen
- Interessantes fotografieren
- Den Waldboden untersuchen
- Zum Messen und Abschneiden
- Für Notizen
- Welche Pflanze, welches Tier ist das?
- Für die Erste Hilfe
- Damit wir uns wiederfinden

Überall im Wald riecht es anders: nach Erde, Rinde, Fichtennadeln, Laubblättern, nach dem Harz der Bäume, nach Moos, Waldfrüchten …
Ihr könnt Material sammeln und ein Geruchsmemory anlegen.
Wer riecht was mit verbundenen Augen?

Was entdeckt ihr unter raschelndem Laub?
Hier liegen Eicheln versteckt. Wenn Rehe, Wildschweine, Eichelhäher und andere Tiere sie nicht fressen, können sie im nächsten Frühjahr keimen und wachsen.

Entdeckunge

Wenn ihr mit den Händen die Rinde der Bäume berührt, dann merkt ihr: Jeder Baum hat eine andere Rinde. Die Rinde ist wie der Fingerabdruck des Menschen. Keine gleicht der anderen. Das seht ihr auch, wenn ihr mit Papier und Kreide Rindenabdrücke macht.

Lebensbedingungen von Pflanzen und Tieren zielgerichtet beobachten und beschreiben; Abhängigkeiten von Pflanzen und Tieren im Lebensraum Wald erkennen

Im Herbst

Auch wenn ihr diesen Vogel nicht seht, sein „Trommeln" schallt durch den Wald. Andere Buntspechte wissen dann: Dieses Revier ist besetzt. In der Balzzeit ab Dezember trommeln Männchen besonders viel, um Weibchen anzulocken. Und die Weibchen trommeln, um im Revier eines Männchens auf sich aufmerksam zu machen.

Große und kleine Tiere, wie Hirsch und Schnecke, fressen gern Birkenpilze. Die Pilze leben in Gemeinschaft mit Birken. Das Pilzgeflecht umspinnt die feinen Baumwurzeln. Dadurch kann der Baum Wasser und Nährstoffe besser aufnehmen. Pilze nehmen sich vom Baum lebenswichtige Aufbaustoffe.

n Wald

Dies ist mehr als nur totes Holz. Denn in und von diesen Baumresten leben Ameisen, Wespen, Bienen, Schmetterlinge, Vögel, Kröten, Eidechsen, Schlangen und kleine Säugetiere. Pilze, Flechten und Moose, die sich auf dem Totholz ansiedeln, sind für viele Tiere Leckerbissen.

Am Waldrand wachsen Holundersträucher. Die Früchte stimmen auf den Herbst ein. Ihr könnt die Früchte verarbeiten und natürlich auch naschen: Holundersaft, Holundermarmelade, Hollerkoch, das ist Holundermus. Auch viele Tiere ernähren sich von diesen schwarzen Früchten.

Eindrucksvolles beobachten; Lebensbedingungen und Abhängigkeiten von Pflanzen und Tieren im Lebensraum Wald erkennen und beschreiben

Im Herbst

Der Wald als Lebensraum

Stockwerke im Mischwald

- [A] **Baumschicht:** hohe und mittelhohe Bäume, etwa 2–40 m hoch
- [B] **Strauchschicht:** junge Bäume und Sträucher, etwa 5 m hoch
- [C] **Krautschicht:** Farne, Gräser und blühende Kräuter; unterschiedlich hoch, bis etwa 1 m
- [D] **Moosschicht:** Moose, Flechten und Pilze, bis etwa 20 cm hoch
- [E] **Bodenschicht:** Wurzeln der Waldpflanzen, Pilzgeflechte

1. Rotbuche
2. Kiefer
3. Eberesche
4. Gemeine Haselnuss
5. Holunder
6. Efeu
7. Wurmfarn
8. Wald-Sauerklee
9. Steinpilz
10. Waldmeister
11. Katharinenmoos
12. Gewöhnliches Sternmoos
13. Habicht
14. Tagpfauenauge
15. Waldameise
16. Springschwanz

1 Welche Tiere leben in den Stockwerken des Waldes?

★ Tiere des Waldes fressen Pflanzen, aber auch andere Tiere. Alle Pflanzen und Tiere zusammen bilden ein Nahrungsnetz. Erkläre: Wer frisst was?

Tier- und Pflanzenarten benennen; Eigenschaften, Entwicklungs- und Lebensbedingungen von Tieren und Pflanzen erfassen, einordnen und beschreiben

Im Herbst

Im Wald wachsen Bäume, Sträucher, Kräuter, Farne, Pilze, Moose und Flechten. Deshalb sind Wälder für zahlreiche Tierarten ideale Lebensräume.
In den Wipfeln der Bäume nisten viele Vögel und ziehen dort ihre Jungen auf. Auch Eichhörnchen bauen hoch oben ihre Kobel. Unter der Rinde der Bäume leben viele Insekten.
In Sträuchern hängen die Netze von Spinnen, die dort auf Beute lauern. In den Blüten der Kräuter finden Insekten Nektar. Ihre Blätter sind Nahrung für Raupen. Liegende Stämme und moderndes Holz bieten Eidechsen, Kröten, Blindschleichen und Ringelnattern sonnige Plätze. Im Waldboden leben viele kleine und winzige Tiere. Alle Tiere finden ausreichend Nahrung für sich und ihren Nachwuchs.

Tier- und Pflanzenarten benennen; Eigenschaften, Entwicklungs- und Lebensbedingungen von Tieren und Pflanzen erfassen, einordnen und beschreiben

Im Herbst

Pflanzen des Waldes

Die häufigsten Baumarten in den Wäldern Sachsen-Anhalts sind Fichten und Kiefern. Häufige Laubbäume sind Eichen und Buchen. Außer Bäumen wachsen im Wald weitere Pflanzen, im Nadelwald andere als im Laubwald.

Schlafmoos

Weil Nadelbäume das ganze Jahr über Nadeln tragen und dadurch den Boden beschatten, wachsen im Nadelwald vor allem Schattenpflanzen: Sauerklee, Frauenfarn oder auch Schlafmoos. Das Moos nutzten früher arme Leute als weiche, wärmende Schlafunterlage.

Drahtschmiele

Bevor Buchen ihre Laubblätter austreiben, breiten sich am Boden auch Licht liebende Pflanzen aus. Lichtpflanzen sind zum Beispiel Buschwindröschen und Leberblümchen. Unter dem Schattendach der Bäume wachsen Gräser, wie Hainsimse und Drahtschmiele.

Schattenpflanzen

Sauerklee   Frauenfarn

Lichtpflanzen

Leberblümchen   Buschwindröschen

1 Informiere dich über die Entwicklung einer Waldpflanze in ihrem Lebensraum. Nutze Sachbücher, Lexika oder das Internet.

Im Herbst

Pilze des Waldes

In den Wäldern Sachsen-Anhalts wachsen viele genießbare und wohlschmeckende Pilze. Pilze brauchen wenig Licht. Sie wachsen auch im dunklen Wald. Im Boden befindet sich ihr weit verzweigtes Pilzgeflecht. Am Waldboden ist nur der Pilzkörper zu sehen.

Unter Birken, Tannen, Buchen kannst du immer Pilze suchen. Unter Eschen, Erlen, Linden wirst du nicht so viele finden.

Der Sommer-Steinpilz wächst im Laubwald bei Buchen und Eichen. Sein hellbrauner Hut hat Röhren, der Stiel ist dickbauchig.
Er ist ein schmackhafter Speisepilz. Vorsicht! Nicht mit dem bitteren, ungenießbaren Gallenröhrling verwechseln!

Der Butterpilz gedeiht nur in der Nähe von Kiefern. Sein hell glänzender bis schokoladenbrauner Hut ist meist schmierig.
Am Stiel hat er einen häutigen weißen Ring. Getrocknete Butterpilze schmecken gut in Soßen.

Der kleine, goldgelbe Pfifferling mit seinem trichterförmigen Hut wächst in Nadel- und Laubwäldern vor allem in der Nähe von Fichten, Kiefern, Eichen, Birken und Rotbuchen.
Er ist wohlschmeckend.

Der Fliegenpilz wächst in dichten und lichten Nadel- und Laubwäldern, besonders gern in der Nähe von Birken.
Sein Hut ist leuchtend rot und hat weiße Tupfen, der Stiel ist weiß. Er gehört zu den Giftpilzen.

1 Schreibe einen Pilz-Steckbrief.

Ratschläge für Pilzsammler:

Pilzsucher müssen Pilzkenner sein. Hände weg von unbekannten Pilzen!

Hole dir in Pilzberatungsstellen Rat von Pilzsachverständigen.

Reinige die Pilze sofort nach dem Sammeln. Verarbeite sie frisch.

Wasche dir nach dem Pilzesammeln gründlich die Hände.

Grundlegende Lebensbedingungen von Pilzen im Lebensraum Wald beschreiben; Ratschläge für Pilzsammler beachten

Im Herbst

Tiere des Waldes

Das Reh ist in Sachsen-Anhalt in Mischwäldern mit nahegelegenen Wiesen und Feldern zu beobachten. Diese schlanken Tiere haben im Sommer ein fuchsrotes und im Winter ein graubraunes Haarkleid. Erwachsene Rehe erreichen von Kopf bis Rumpf eine Länge von 100 bis 140 cm und eine Schulterhöhe zwischen 60 und 90 cm. Sie wiegen 15 bis 30 kg.
Der Rehbock hat ein kleines Geweih, das er zwischen Oktober und Dezember abwirft. Das weibliche Tier, die Ricke, bringt im Mai/Juni ein bis zwei Kitze zur Welt, die sie säugt. Sie folgen sofort der Mutter (Nestflüchter).
Die Pflanzenfresser haben ein Gebiss mit Schneidezähnen und Backenzähnen.

Ein ausgewachsenes Tier frisst am Tag etwa 3 kg Futter: Kräuter, Knospen, Triebe und Rinde.

Der Europäische Luchs war in Sachsen-Anhalt ausgestorben und wurde vor einigen Jahren wieder angesiedelt. Dort lebt er in ruhigen Gebieten des Harzes und liebt dicht bewachsene Wälder. Luchse sind große Katzen. Erwachsene Tiere haben eine Körperlänge von 80 bis 120 cm und eine Schulterhöhe von 50 bis 60 cm. Das Fell ist rötlichbraun mit dunklen Flecken bis graubeige mit unscheinbaren Flecken. Typisch sind die „Pinselohren". Die Weibchen bringen im Mai/Juni ein bis vier Junge zur Welt, die gesäugt werden. Die Jungen sind Nesthocker und bleiben etwa 5 Monate bei der Mutter.
Die Fleischfresser haben ein Gebiss mit Schneidezähnen, Eckzähnen und Backenzähnen.

Der Luchs jagt junge Rehe und Hirsche, aber auch Füchse, Hasen, Mäuse ... Er frisst täglich bis zu 2,7 kg Fleisch.

1 Beschreibe das Leben eines Waldvogels. Wie ist er an seinen Lebensraum angepasst?

Im Herbst

Ist das ein Keiler oder eine Bache?

Name: Wildschwein, Männchen: Keiler, Weibchen: Bache, Jungtier: Frischling
Aussehen: massiger Körper, kurze Beine, lang gestreckter Kopf mit kleinen Augen, großen aufrechten Ohren und rüsselförmiger Schnauze;
Keiler mit kräftigen Zähnen, besonders große, nach oben gebogene Eckzähne;
Bachen mit kleineren Eckzähnen;
borstiges Fell: im Sommer schwarzbraun, im Winter tiefschwarz;
Jungtiere (Frischlinge) mit gelbbraunen Längsstreifen
Größe: 60–115 cm hoch, 110–180 cm lang
Masse: 50–350 kg
Lebensraum: Laub- und Mischwälder, die an Felder grenzen; auch sumpfige Gebiete und Stadtränder;
Die Tiere suhlen sich gern im Schlamm. Während des Tages verstecken sie sich häufig im schützenden Dickicht.
Nahrung: Allesfresser, sie fressen …

Material:
- Ordner
- Plastikhüllen
- unliniertes Papier (auch farbig)
- Klebstoff
- Stifte, Lineal, Schere

Tier-Steckbriefe gestalten

- Plant, zu welchen Tieren ihr Steckbriefe anfertigen wollt.
- Informiert euch über die Tiere. Beobachtet sie, wenn möglich.
- Notiert Signalwörter für die Texte (Name, Aussehen …).
- Sucht passende Bilder und schreibt Texte.
- Sammelt alles in einem Ordner.

2 Informiere dich über ein Tier des Waldes. Nutze auch das Internet. Schreibe einen Steckbrief.

Entwicklungs- und Lebensbedingungen von Tieren im Lebensraum Wald erfassen und beschreiben; Abhängigkeit und Angepasstheit von Tieren erkennen   AH S.5, 6

Im Herbst

Den Wald nutzen und bewahren

Wie riecht es im Wald?

Frisch, nach feuchtem Boden und im Herbst nach …

Wälder sind Erholungsorte.
Im Wald ist es still, nur die Vögel zwitschern. Die Luft ist frisch und kühl. Die Bäume spenden Schatten und liefern viel Sauerstoff. Nahe Fabriken und Städte entschwinden unseren Blicken, der Wald dämmt ihren Lärm. Im Wald können wir wandern, joggen, Rad fahren und reiten.

Wälder liefern wertvollen Rohstoff.
In Wäldern wächst ein wichtiger Rohstoff – Holz. Aber Holz wächst langsam. Ehe ein Baum groß und mächtig ist und abgeholzt werden kann, vergehen Jahrzehnte.

Buche 130–160 Jahre **Fichte** 80–100 Jahre
Eiche 100–150 Jahre **Kiefer** 80 Jahre

Die heutigen Wälder haben unsere Ur-Urgroßeltern gepflanzt. Und bereits heute planen Forstwirte für die Zukunft. Wie viel Holz darf eingeschlagen werden? Wie viel Wald müssen wir neu anlegen, damit der Wald auch unseren Enkeln erhalten bleibt?

Baum fällen

Fahrzeug für den Abtransport

Die Bedeutung des Waldes als Lebens- und Wirtschaftsraum erkennen; den verantwortungsvollen Umgang mit der Natur begründen

Im Herbst

Wälder sind Lebensräume für Tiere und Pflanzen.
In unseren Wäldern gibt es mehr als 7 000 Tierarten und etwa 1 200 verschiedene Arten von Bäumen, Sträuchern und Kräutern, dazu viele Pilzarten. Alle sind voneinander abhängig und brauchen Licht, bestimmte Temperaturen, Wasser und Nährstoffe. Starke Luftverschmutzung lässt Wälder absterben.

Wälder liefern uns Nahrungsmittel.
Schon vor langer Zeit sammelten die Menschen in Wäldern Beeren und Pilze. Sie jagten Wild, um sich mit Fleisch sowie Fellen für ihre Kleidung zu versorgen. Auch heute sammeln viele Menschen gern Beeren und Pilze. Jäger dürfen heute Tiere nicht jagen, wenn sie Junge bekommen und aufziehen. Wildhege, auch Füttern oder Abschuss, soll Schäden durch Wildtiere verringern und den Wildbestand gesund halten. Die Vielfalt der Tierarten soll ebenfalls erhalten bleiben.

Wälder schützen vor Lärm.
Waldbäume fangen Schall ab. Schon ein Streifen Wald von 100 m Breite dämmt Lärm wie eine Lärmschutzwand an viel befahrenen Straßen.

Wälder bieten Sichtschutz.
Kronen und Stämme der dicht stehenden Bäume, aber auch die Sträucher und Kräuter in den unteren Stockwerken des Waldes verdecken den Blick auf Straßen oder Siedlungen. So erhalten sie das Landschaftsbild. Das Farbenspiel eines Waldes lockt, den Wald mit allen Sinnen zu erleben.

Wälder schützen die Erde vor starker Erwärmung.
Beim Verbrennen von Kohle, Torf, Erdgas und Erdöl entsteht das Gas Kohlendioxid. Zu viel Kohlendioxid in der Luft erhöht die Temperaturen auf der Erde, mit schweren Folgen: Überschwemmungen, Orkane, Dürren … Bäume nehmen Kohlendioxid aus der Luft auf und bauen daraus ihre lebenswichtigen Stoffe auf. Sie geben dafür Sauerstoff ab, den Menschen und Tiere zum Leben brauchen.

Sie alle lieben das Sonnendach: der Wald-Sauerklee, der Efeu, die Waldeidechse, der Eichelhäher.

1 Erkunde, wie ein Wald in deiner Nähe genutzt wird. Schreibe, fotografiere und zeichne dazu.

2 Beratet, wie der Wald geschützt werden kann.

Die Bedeutung des Waldes als Lebens- und Wirtschaftsraum erkennen; den verantwortungsvollen Umgang mit der Natur begründen

S. 6, S. 12

Im Herbst

Der Wald als Regenfänger und Wasserspeicher

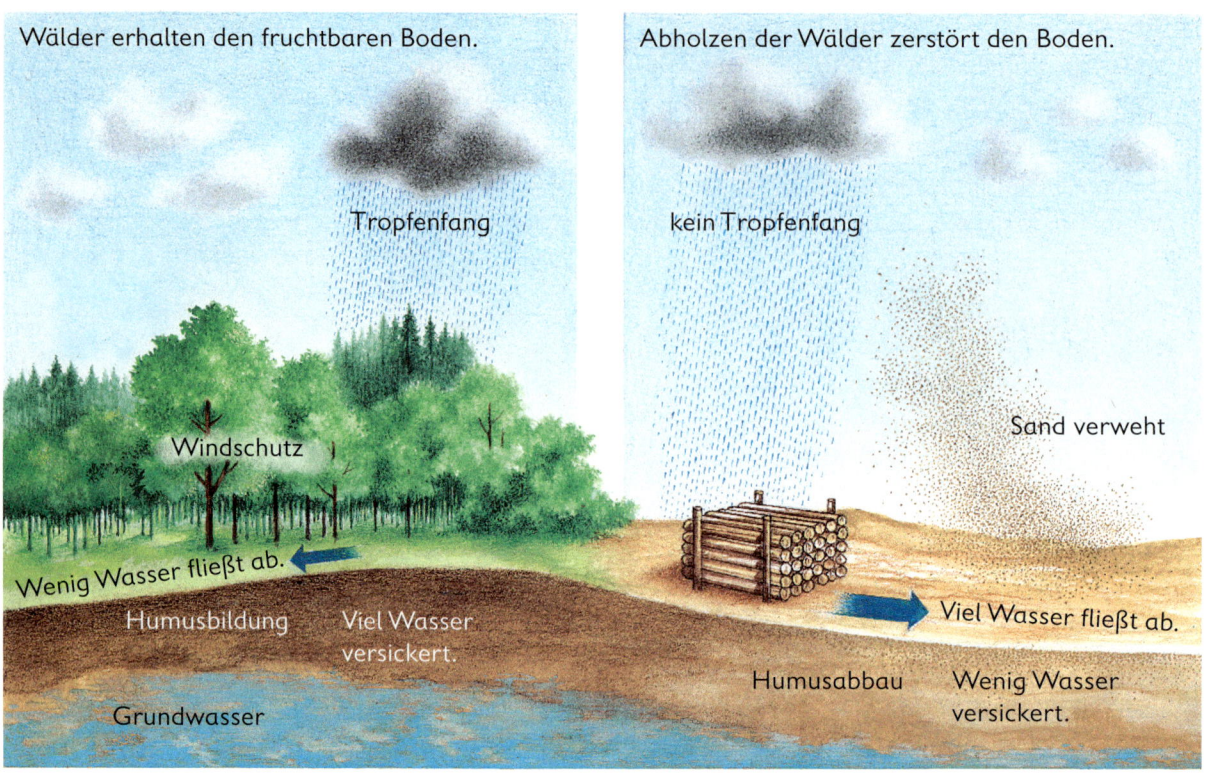

Ein Schema lesen

1 Erkläre das Schema.

2 Begründe, warum der Waldboden ein guter Wasserspeicher ist.

- Lies die Überschrift und die Stichworte.
- Betrachte Bild und Text zusammen.
- Formuliere Aussagen dazu:
  – Wenn es regnet, dann …
  – Wenn der Wald abgeholzt ist, dann …
- Vergleiche die Aussagen.

 Wie viel Wasser speichert Moos?

Eine Handvoll trockenes Moos wiegen.

Moos 10 Minuten in Wasser legen. Dann im Sieb etwas abtropfen lassen.

Das feuchte Moos wiegen.

Im Herbst

Leben im Boden

Ihr könnt auf einer Waldexkursion oder im Schulgarten Laubstreu und Boden untersuchen.

 Laubstreu untersuchen

- Die übereinanderliegenden Blätter der Laubstreu und etwas Boden vorsichtig anheben und nebeneinander auf Packpapier ausbreiten.

- Auf kleine Lebewesen achten. Einige Lebewesen kurze Zeit mit einer Becherlupe beobachten.

- Zeichne und schreibe, was du beobachtet hast.

Springschwanz
Hornmilbe

Maden von Fliegen und Mücken
Raubmilbe

Wo bleibt das Herbstlaub einer Buche?

Von einer 100-jährigen Buche fallen im Herbst etwa 200 000 Blätter ab. In 10 Jahren wären das ... Warum erstickt der Baum nicht in seinem „Blättermüll"? Im Boden leben winzige Lebewesen. Sie ernähren sich von den alten Blättern. Sie zernagen, zersetzen und verdauen sie. So entsteht <u>Humus</u>, das ist nährstoffreiche Erde. Dieser Erde entnimmt der Baum dann die Nährstoffe, um im Frühjahr zu wachsen und neue Blätter zu bilden.

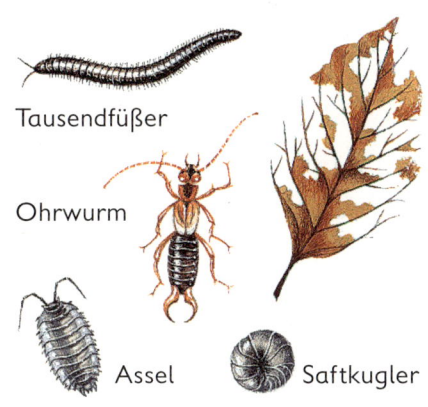
Tausendfüßer
Ohrwurm
Assel
Saftkugler

Wie lange dauert die Humusbildung?

Bis aus einem Buchenblatt Erde geworden ist, vergehen etwa 2–3 Jahre. So liegt das Laub im Winter wie eine wärmende Decke über den Samen und den Bodenbewohnern. Im Frühling staut sich die Wärme, die Samen können auskeimen. Bevor aber ein abgestorbener Buchenstamm zu Humus geworden ist, vergehen fast 30 Jahre.

Stäbchenbakterium
sehr stark vergrößert, gefärbt

Regenwurm

Im Herbst

Den Boden im Schulgarten pflegen und untersuchen

Warum müssen wir den Boden lockern?
Lockern ist wichtig, weil der Boden dann feinkrümelig und gut durchlüftet wird. Wo viel Luft ist, leben viele kleine Lebewesen, die den Boden zersetzen. Dadurch erhalten die Pflanzen mehr Nährstoffe. Der Boden speichert auch mehr Wasser. Auch kann man Pflanzenschädlinge, wie den Erdfloh, bekämpfen, denn dieser mag nur harten, ungelockerten Boden.

Warum soll man den Boden mulchen?
In einem Wald bedecken kleine Pflanzenteile, Nadeln, Laub und Reisig den Boden. Wie eine Decke schützen sie den Boden davor, dass die Sonne ihn übermäßig erhitzt, austrocknet oder bei starken Regenfällen sogar wegspült. Im Garten schützt ihr den Boden, indem ihr Mulch ausbringt, das heißt, zerkleinerte Ernterückstände, Laub oder Stroh darauf verteilt.

Warum müssen wir den Boden düngen?
Die angebauten Pflanzen entnehmen dem Boden Nährstoffe. Wird dann der Boden nicht mit neuen Nährstoffen versorgt, ist er bald ausgelaugt. Die neu ausgesäten Pflanzen finden immer weniger Nährstoffe oder werden sogar krank.
Um neue Nährstoffe in den Boden zu bringen, könnt ihr Dünger streuen, am besten Kompost, denn darin befinden sich viele nützliche Kleinlebewesen.

Warum ist es wichtig, den Boden zu wässern?
Alle Pflanzen nehmen in Wasser gelöste Nährstoffe über die Wurzeln auf. Deshalb müssen Gartenpflanzen, wenn es zu wenig regnet, gegossen werden. Am besten ist es, morgens gründlich zu gießen. Dann gelangt das Wasser auch an die tiefer gelegenen Wurzeln, und die Pflanzen können im Sonnenschein wieder abtrocknen.

Der Boden ist ein Schatz.

Kenntnisse über den Boden zum Anbau von Pflanzen im Schulgarten erwerben und anwenden; verantwortungsvoll mit der Natur umgehen und diese wertschätzen AH S.7

Im Herbst

Warum soll man im Garten einen Kompost anlegen?
Als Regel für den Schulgarten gilt: Auf den Kompost kommen alle Gartenabfälle, die sich mit der Zeit zersetzen: verblühte Blumen, Laub, alte Blumenerde, abgeschnittene Zweige von Hecken und Bäumen. Nicht auf den Kompost gehören kranke Pflanzen. Die Abfälle werden gut geschichtet und brauchen dann etwa ein Jahr, um zu verrotten. Kompost ist dunkelbraun, krümelig und riecht nach frischem Boden. Er wird über die Beete verteilt und sanft eingeharkt. Kompost ist ein Bodenverbesserer.

 1 Vermute vor dem Experiment, was du damit herausfinden kannst.

Wenn Sonne auf Erde scheint

Du brauchst:
- ein Sieb
- Gartenerde
- ein verschließbares Schraubglas

Gehe so vor:
- Siebe trockene Gartenerde mit einem feinen Sieb.
- Fülle etwas Erde in das Schraubglas, verschließe es.
- Stelle das Glas mit der Erde in die pralle Sonne.
- Was kannst du nach einigen Stunden beobachten?
- Erkläre deine Beobachtung.

Warum werden Kübelpflanzen umgetopft und gepflegt?
Kübelpflanzen wachsen in wenig Erde, die Nährstoffe sind bald verbraucht. Im Frühling und im Sommer benötigen die Pflanzen deshalb Dünger: Stäbchen- oder Flüssigdünger. Von Zeit zu Zeit sollten Pflanzen in neue Erde umgetopft werden, das Gießen nicht vergessen.
Im Herbst könnt ihr die Pflanzen auf den Winter vorbereiten. Schneidet sie zurück und bedeckt die Topferde mit Mulch. Im Frühling treiben die Pflanzen frisch aus. Kälteempfindliche Pflanzen kommen ins Winterquartier. Kübelpflanzen, die Kälte vertragen, kann man durch einen Mantel aus Noppenfolie oder Pappe schützen.

 Wähle eine Kübelpflanze aus. Informiere dich, wie sie rund um das Jahr gepflegt werden muss.

Wir müssen ihn schützen.

Im Herbst

Mohrrüben im Schulgarten anbauen

Mohrrüben werden nach Tomaten am häufigsten in Europa angebaut. Man nennt sie auch Karotten, Möhren, Gelbe Rüben oder Wurzeln.
Es gibt sie in vielen Sorten. Diese unterscheiden sich in Form, Farbe, Geruch, Saftigkeit und Geschmack.
Mohrrüben schmecken roh als Salat und gekocht als Gemüsebeilage. Man kann sie auch einfrieren, einwecken oder Saft aus ihnen pressen.

Ich bin Fleischfresser. Aber Möhren mag ich auch.

Wenn ihr Mohrrüben anbauen wollt,
solltet ihr euch über die Sorte informieren:
- An welchem Standort gedeiht die Sorte gut?
- Wie muss der Boden bearbeitet werden?
- Welcher Dünger ist geeignet?
- Wann werden die Samen ausgesät?
- Wie müssen die Pflanzen gepflegt werden?
- Wann ist Erntebeginn?
- Wie soll die Ernte gelagert werden?

Einige Informationen findet ihr auf der Samentüte. Lest andere in Fachbüchern oder im Internet nach.

Darum lohnt sich der Anbau:

Mohrrüben sind gesund.
Sie enthalten viele Mineralien,
Ballaststoffe, Vitamine und
das wertvolle Karotin.
Deshalb sind Mohrrüben gut
für die Blut- und Zahnbildung.
Sie stärken unsere Abwehrkraft
gegen Krankheiten und
verbessern die Sehkraft.

Ein Tipp:
Das wertvolle Karotin löst sich nur in Fett. Deshalb,
- gekochte Möhren etwas in Butter schwenken,
- Möhrensalat mit Jogurt-Dressing verfeinern,
- zum Möhrensaft ein Käsebrot essen.

Bedeutung des Gemüseanbaus im Schulgarten aufzeigen; verschiedene Wachstumsbedingungen beim Heranziehen einer Pflanze und deren Pflege berücksichtigen   AH S.8

S. 12

Im Herbst

Mohrrüben anbauen – Sorte Rothild

Aussehen und Geschmack

- glatte Rübe, wie ein Zylinder geformt
- 20 bis 24 cm lang
- süß-aromatischer Geschmack

Wachstumsdauer

- 18–22 Wochen ab Aussaat

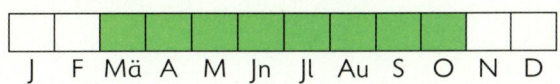

Standort, Boden

- sonnig
- humusreicher, sandiger Gartenboden

Boden und Bodenbearbeitung

- Boden vorbereiten: umgraben, hacken
- vor der Aussaat: Boden lockern

Aussaat

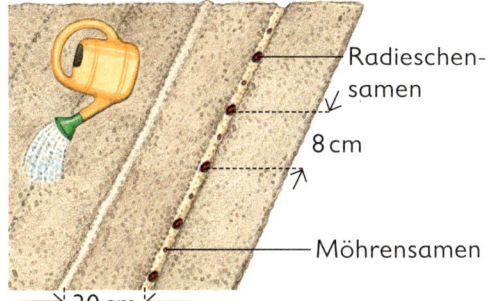

- aussäen in Reihen von März bis Mai
- um zu dichtes Säen zu vermeiden, Saatgut mit trockenem Sand mischen
- Saat etwa 1 cm mit Erde bedecken, Boden andrücken und gießen
- Keimdauer 14–20 Tage
- Günstig ist eine Markiersaat, die früher aufgeht und die Reihen anzeigt, z.B. Radieschen im Abstand von 8 cm in dieselbe Reihe säen.

Düngung

- im Herbst des Vorjahres eine Grunddüngung mit Phosphor-Kalidünger oder Naturdünger (gut zersetzten Kompost) einbringen
- während des Wachsen etwa zweimal mit Stickstoff düngen, vor allem bei feuchter Witterung
- bis 6 Wochen vor der Ernte Düngung möglich

Pflege

- Möhren im 3-Blatt-Stadium vereinzeln, wenn sie zu dicht stehen (Abstand 3–5 cm)
- danach gießen, um die Bodenkrume zu schließen
- Boden regelmäßig lockern und feucht halten

Ernte

- September bis Oktober ernten
- Möhren mit Grabegabel lockern und mit der Hand aus dem Boden ziehen, anschließend das Laub abdrehen

Pflegemaßnahmen und Wachstumsbedingungen einer Pflanze im Schulgarten kennen lernen; geeignete Bodenart und Erntetechnik für das angebaute Produkt kennen — AH S.8

Freundeseite

Im Herbst

Dem Fuchs auf der Spur mit Buch und CD-ROM

Wusstest du, dass der Rotfuchs ein Wildhund ist?
Du solltest seine Lebensweise kennen, denn er ist
oft auch in Dörfern und Städten unterwegs,
um dort nach Nahrung zu suchen.
Informationen findest du in Lexika, Sachbüchern und
auf CD-ROMs zum Lernen. Auf solchen CD-ROMs
sind Texte mit Bildern, Animationen (Trickfilmtechniken)
und Ton verbunden. Du wählst dir selbst Texte aus,
rufst sie auf, liest sie und vertiefst dein Wissen.
Dazu betrachtest du Bilder und kurze Animationen,
löst Aufgaben und Rätsel, testest dich bei Wissensspielen
und kontrollierst die Lösungen auch selbst.
Und während du alles sorgfältig auswertest, fallen dir
bestimmt viele neue Fragen zum Rotfuchs ein.

1 Schreibe deine Fragen zum Rotfuchs auf.
Forsche auch in elektronischen Nachschlagewerken
nach Antworten. Ergänze deine Fragen.

Informationen zum Sachthema sammeln, ordnen, sich dazu zusammenfassend äußern; Eigenschaften, Entwicklungs- und Lebensbedingungen von Tieren beschreiben

Miteinander leben

Wie leben Jung und Alt zusammen?
Warum sollten wir die Arbeit anderer Menschen wertschätzen?
Welche Kinderrechte sind weltweit beschlossen worden?

Miteinander leben

Wie Jung und Alt zusammenleben

David erzählt: Wir wohnen jetzt mit Oma und Opa zusammen. Opa ist Maurer. Als er arbeitslos wurde, hat er gesagt: „Wenn ich euer Dach ausbaue, können wir die Miete für unsere Wohnung sparen."
Meine Eltern wollten zuerst nicht. Jule und ich fanden die Idee toll, denn wir sollten jeder ein eigenes Zimmer unterm Dach bekommen. Jetzt wohnen wir schon ein Jahr zusammen. Wenn wir von der Schule kommen, ist Opa da. Bald kriegen wir noch einen kleinen Bruder.

Paola erzählt: In den Sommerferien fahre ich zu Oma nach Berlin. Dann hat Oma auch Ferien. Wir gehen ins Kino, ins Naturkundemuseum und ins Spaßbad. Da nehmen wir immer Dilara mit. Sie ist Türkin und wohnt im Nebenhaus.
Ich finde es toll, dass ihre Eltern sagen, Dilara lerne „gutes Deutsch" von mir. Aber ich lerne auch gern von ihr türkische Wörter.
Dilara hat noch zwei Brüder. Sie hat mir auch von ihrer Kusine Alisa erzählt. Sie lebt in der Türkei auf dem Land in einer Großfamilie mit 14 Personen, alle in einem Haus. Da ist bestimmt viel los. Mama und ich leben nur zu zweit.

Marie erzählt: Wenn Mama Weiterbildung hat, dürfen wir bei Oma und Opa schlafen. Opa Paul erzählt uns oft Geschichten von Seeungeheuern, von riesigen Fischen mit großen Zähnen oder Rittern mit Lanzen und scharfen Schwertern. Oder Geschichten von früher, von seinem Opa Heinrich. Opa Paul fährt mich früh zur Schule und bringt Ammon in den Kindergarten. In seine Werkstatt geht er dann ein bisschen später. Ich habe ihm gezeigt, wie man eine SMS schreibt.

1 Lest die Beispiele und sprecht darüber: Wie ist es bei euch?
So wie bei einem dieser Kinder? Oder noch ganz anders?
Wer braucht wen? Wer lernt von wem?

Möglichkeiten der bewussten Mitgestaltung und verschiedene Formen des Zusammenlebens kennen lernen

Miteinander leben

Chris erzählt: Meine Urgroßmutter Frieda lebt im Heim. Manchmal besuche ich sie mit Mama. Einmal haben wir alte Bilder angeguckt, von früher. Auf einem Bild sitzt sie mit Mama auf einem Pferd. Urgroßmutter Frieda war eine richtige Reiterin mit Stiefeln und Reiterkappe. Meine Mama hat als kleines Mädchen bei ihr gelebt. Das war, als ihre Mama Lena, Friedas Tochter, lange im Krankenhaus war. Manchmal verwechselt Frieda Namen, dann sagt sie „Lena" zu Mama oder zu mir.

Alan erzählt: Einmal im Jahr fliegen wir nach Damaskus. Da wohnen meine Großeltern und viele Brüder und Schwestern von Papa. Oma und Opa leben in der Familie von Papas ältestem Bruder. Alle sagen „Mama" zu Oma und küssen ihr zur Begrüßung die Hände. Wenn Opa ins Zimmer kommt, stehen alle auf, denn er ist der Älteste in der Familie. Und er hat die meiste Erfahrung. Deshalb fragen ihn auch alle um Rat. Onkel Abdul befragte ihn zum Beispiel, als er ein eigenes Geschäft eröffnen wollte.

Je mehr wir voneinander wissen, umso besser können wir uns verstehen.

Fragen	Antworten
Opa, warum sagst du oft zu mir: „Es ist noch kein Meister vom Himmel gefallen."?	
Oma, feiert Dilaras Familie auch Weihnachten?	
Papa, warum möchtet ihr Urlaub im Ausland machen?	
Mutti, welche fremde Sprache kannst du sprechen?	

2 Vergleicht in der Klasse, was ihr erfahren habt. Nutzt den Wegweiser.

Die Älteren befragen

- Überlege dir Fragen, die du den Älteren in deiner Familie stellen möchtest.
- Schreibe deine Fragen auf.
- Notiere Stichpunkte zu den Antworten.

Möglichkeiten der bewussten Mitgestaltung und verschiedene Formen des Zusammenlebens kennen lernen

Miteinander leben

Berufe und Arbeitsplätze

Wer sich in der Familie und bei Freunden über Berufe informiert, erfährt Interessantes über die Aufgaben. Einen Beruf zu erlernen ist wichtig, um eine Arbeitstelle zu finden. Wer Arbeit hat, kann seinen Lebensunterhalt (Miete, Nahrung, Kleidung, Kino …) sichern und das Leben in der Gesellschaft mitgestalten.

Wer arbeitslos ist, erhält Geld vom Staat. Auch wenn Arbeitslose damit leben können, fehlt den meisten die Anerkennung im Beruf.

Manche Menschen finden erst nach langer Suche wieder eine neue Arbeitsstelle. Einige ziehen deshalb auch in einen anderen Ort um.

Der Opa von Max ist Manager in einem landwirtschaftlichen Betrieb. Er kümmert sich um die Finanzen, um neue Aufträge und um die Beschäftigten und ihre Aufgabenbereiche.

Kiras Mutter ist Krankenschwester. Sie kümmert sich auf ihrer Station um die Versorgung der Patienten.

Tims Mutter ist Architektin. Sie plant vor allem die Modernisierung alter Gebäude.

Sophies Onkel arbeitet als Kfz-Mechatroniker beim Pannenhilfsdienst. Er ist viel unterwegs.

Marias Eltern führen ein Restaurant. Ihr Vater leitet das Küchenpersonal an und kocht auch selbst. Die Mutter bedient die Gäste und macht zusätzlich die Büroarbeit. An freien Tagen hilft sie freiwillig in einem Hospiz.

Lauras großer Bruder ist Berufskraftfahrer. Er transportiert vor allem Baustoffe zu verschiedenen Baustellen.

Pauls Onkel ist Anlagenmechaniker. Er montiert und repariert Klimaanlagen, Heizkörper und Kessel. In seiner Freizeit arbeitet er ehrenamtlich als Fußballtrainer einer Jugendmannschaft.

Lisas Mutter ist Lehrerin. Neben dem Unterricht gehören zu ihren Aufgaben Gespräche mit Eltern, Fortbildungen und die Teilnahme an Schulkonferenzen.

1 Erkunde in deinem Umfeld, in welchen Berufen die Menschen arbeiten. Diskutiert: Warum soll man Arbeit wertschätzen?

 Frage Menschen, die ehrenamtlich tätig sind, warum sie das tun.

Berufsbilder aus dem Lebensumfeld und ehrenamtliche Tätigkeiten kennen lernen; die Arbeit anderer Menschen wertschätzen

AH S.9, 35

Miteinander leben

Eine Betriebsbesichtigung bei Flachglasherstellern

In Sachsen-Anhalt gibt es viele Arbeitsplätze in der Glasindustrie. Die großen Firmen sind über die Landesgrenzen hinaus bekannt. So wurden hier das Glas für die Kuppel des Berliner Reichstags und die Glasfassade des Berliner Einkaufszentrums Eastgate produziert.

Toms Klasse will bei einer Betriebsbesichtigung folgende Fragen klären:
- Wer arbeitet in einem Glas-Herstellungsbetrieb?
- Welche Aufgaben haben die Betriebsangehörigen?

1 Im Ausstellungsraum
Der Marketingleiter empfängt die Klasse. Er stellt die Produkte vor, die im Werk hergestellt werden, zum Beispiel Schallschutzglas, Verbundsicherheitsglas und Sonnenschutzglas.

2 In der Auftragsannahme
Fachkräfte beraten die Kunden zur Qualität und zu den Kosten der gewünschten Produkte. Sie besprechen auch, ob das gekaufte Glas von Monteuren der Firma eingebaut werden soll.

3 Im Großraumbüro
Die Aufträge werden von Projektleitern am Computer bearbeitet. Es entstehen Bilder mit den genauen Maßen des Glases und dem gewünschten Material.

4 In der Produktionshalle

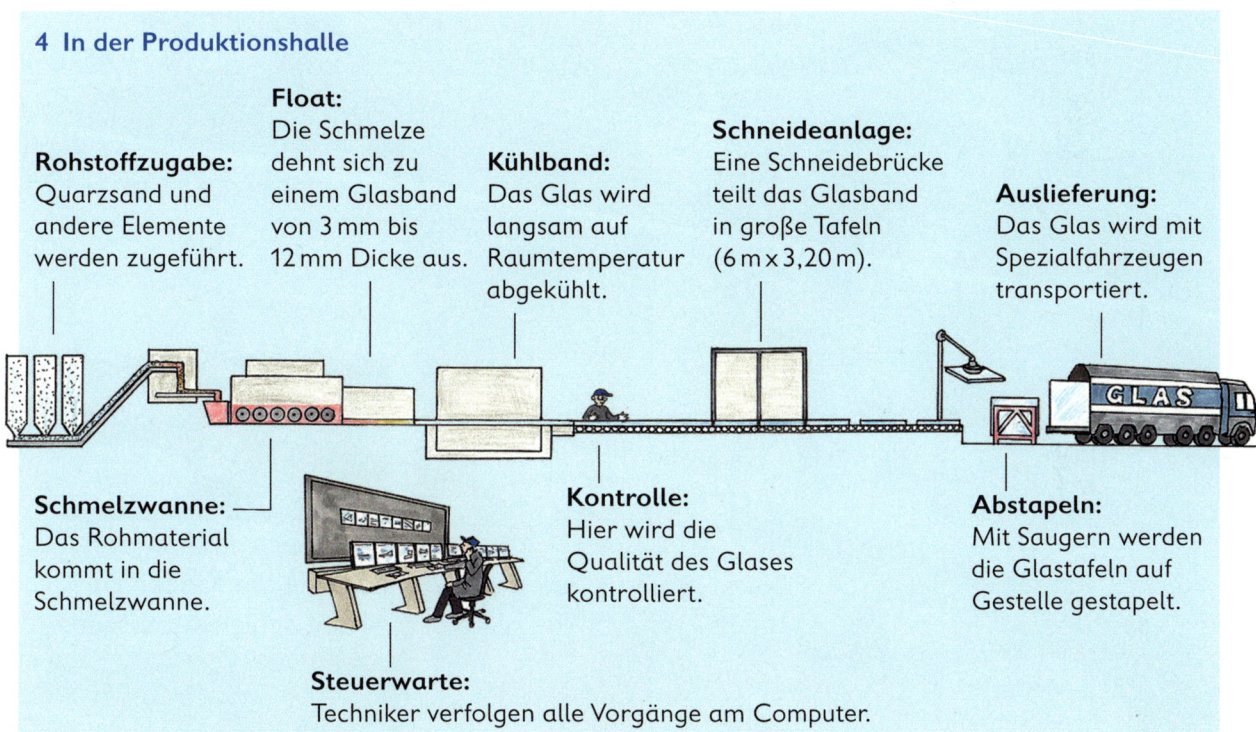

Rohstoffzugabe: Quarzsand und andere Elemente werden zugeführt.

Float: Die Schmelze dehnt sich zu einem Glasband von 3 mm bis 12 mm Dicke aus.

Kühlband: Das Glas wird langsam auf Raumtemperatur abgekühlt.

Schneideanlage: Eine Schneidebrücke teilt das Glasband in große Tafeln (6 m x 3,20 m).

Auslieferung: Das Glas wird mit Spezialfahrzeugen transportiert.

Schmelzwanne: Das Rohmaterial kommt in die Schmelzwanne.

Kontrolle: Hier wird die Qualität des Glases kontrolliert.

Abstapeln: Mit Saugern werden die Glastafeln auf Gestelle gestapelt.

Steuerwarte: Techniker verfolgen alle Vorgänge am Computer.

5 Die Auslieferung an Kunden
Ist ein Auftrag bearbeitet, werden die fertigen Produkte auf einen Spezialtransporter verladen und zu einem Glas verarbeitenden Betrieb oder direkt zur Baustelle gefahren.

1 Besucht eine Arbeitsstätte in eurem Ort und führt Interviews durch. Erkundet: Welche Fachkräfte arbeiten dort? Welche Produkte werden hergestellt und wohin werden sie verkauft?

Arbeitsstätten in der Wohnregion erkunden und die dort ausgeübten Berufe erfragen; dabei das Prinzip der Arbeitsteilung verstehen — AH S. 9, 35

Miteinander leben

Jedes Kind hat Rechte

Die Menschenrechte wurden 1948 verkündet.

Nach zwei großen Weltkriegen gründeten 1945 fünfzig Staaten einen Bund, die Vereinten Nationen, kurz UN (englisch: United Nations) genannt. 2011 gehören 192 Staaten dazu. Die Organisation setzt sich für Frieden und Freiheit auf der ganzen Welt ein. 1948 verkündeten die Vereinten Nationen die Menschenrechte. Darin steht, dass alle Menschen gleich und frei sind und sich in Freundschaft begegnen sollen. Jeder hat das Recht auf Leben, Freiheit und Sicherheit der Person. Kinder brauchen zusätzlichen Schutz. Deshalb wurden 1959 besondere Rechte der Kinder bekannt gegeben.

Jedes Kind hat ein Recht auf

Gleichberechtigung, freie Meinungsäußerung
Information und Gehör
Familie und elterliche Fürsorge
Erholung
Bildung und Ausbildung

Was willst du mal werden?
Vielleicht Ingenieurin für Brückenbau.

Schutz vor
Doch:
auf dem Feld
Die Eltern sind so arm, dass sie die Kinder zur Arbeit schicken müssen.

1 Nennt Beispiele, wie in Deutschland die Kinderrechte verwirklicht sind.

2 Welches Recht ist dir besonders wichtig? Begründe deine Meinung.

Bedeutung der Kinderrechte beschreiben;
Kinderrechtskonvention der Vereinten Nationen kennen lernen

AH S.10

Am 20. November 1989 nahmen die Vereinten Nationen die Konvention (Übereinkommen) über die Rechte des Kindes an. Fast alle Staaten der Erde haben sie inzwischen bestätigt. Im September 1990 verpflichteten sich beim Weltkindergipfel Regierungen aus der ganzen Welt, die Rechte der Kinder anzuerkennen und bekannt zu machen.
Doch noch immer werden die Rechte der Kinder täglich verletzt. Deshalb setzen sich viele Organisationen und Personen für Kinder ein. Schon am 11. Dezember 1946 gründeten die Vereinten Nationen das Kinderhilfswerk UNICEF (englisch: United Nations International Children's Emergency Fund). Es hilft Kindern und Müttern in 161 Ländern der Welt, vor allem in Notsituationen.

Zeichen des Kinderhilfswerks UNICEF

3 Informiert euch über Hilfsaktionen von UNICEF. Berichtet darüber.

 Ihr könnt UNICEF-Junior-Botschafter werden. Informiert euch im Internet.

Bedeutung der Kinderrechte beschreiben; Kinderrechtskonvention kennen lernen; über die Verletzung von Kinderrechten durch Kinderarbeit sprechen — AH S.10

Freundeseite

Miteinander leben

Argumentieren lernen – Probleme lösen

Stellt euch vor, ihr wollt mit euren Eltern in der Klasse das Thema diskutieren: „Welche Rechte hat ein Kind in der Familie?" Wie wollt ihr euch vorbereiten? Was wollt ihr sagen? Vielleicht gehen eure Meinungen ja auseinander?

> Ich weiß zu wenig über Kinderrechte. Ich sage gar nichts.

> Wir geben einfach Fragen an die Eltern weiter und lassen sie reden.

> Jeder kann doch sagen, was er denkt.

> Ich sage lieber nichts. Ich krieg nur Ärger, denn zu Hause klappt es nicht mit meinen „Kinderrechten".

> Wir losen aus, wer etwas sagen soll. Das ist gerecht.

<u>Problem</u> heißt eigentlich Hindernis.
In einem Problem stecken oft Fragen, die nicht immer leicht
zu beantworten sind. Oft gehen die Meinungen darüber auseinander.
Jeder kann etwas vorschlagen oder etwas ablehnen.
Jeder sollte sagen, warum er für etwas oder gegen etwas ist.
Im Meinungsaustausch gewinnt ihr größere Klarheit über ein Problem.
Ihr nennt Gründe, warum ihr anderen zustimmt oder ihre Meinung ablehnt.
Anders gesagt: Ihr tauscht Argumente aus und diskutiert darüber.

1 Übt für eure Diskussion.
Jeder wählt dazu einen andersfarbigen Hut aus.
Mit der Wahl der Hutfarbe legt jeder fest,
wie er in die Diskussion einsteigen will. Hier ein Beispiel:

 einen Eindruck, ein Gefühl mitteilen

 über Nachteile eines Vorschlags sprechen

 Informationen sammeln, Tatsachen nennen

 über Vorteile eines Vorschlags sprechen

> Ich bin jetzt deiner Meinung und du meiner!

 einen völlig neuen Vorschlag machen

 Äußerungen zusammenfassen, eine Entscheidung vorschlagen

2 Wechselt nach einiger Zeit die Hüte. So kann jeder
das Problem von mehreren Seiten bedenken.
Wer am Ende den gelben Hut erhält, fasst zusammen.

Im Winter

Warum brennt ein Feuer?
Wie nutzen wir Feuer?
Wie kann ein Feuer gelöscht werden?

Im Winter

Feuer – es brennt, es wärmt, es leuchtet

Das Gemälde zeigt eine Küche in einem englischen Landhaus vor 150 Jahren. Über dem offenen Feuer hängt ein Topf, in dem das Essen kocht.
Das Feuer leuchtet in den Raum und erwärmt ihn. Die Großmutter hat sich einen Platz in der Nähe des wärmenden Feuers gesucht. Und auch die Kinder haben die warme Küche zum Spielort gewählt und kümmern sich um den kleinen Hund.

Dieses Gemälde wurde vor 400 Jahren gemalt. Es zeigt eine junge Frau, die bei Kerzenschein einen Brief liest. Das Licht der brennenden Kerze erhellt nur einen kleinen Raum. Damals trug man die Kerzen dorthin, wo man sie gerade brauchte, denn es gab noch kein elektrisches Licht.

1 Erzähle zu den Bildern und den „Feuer-Wörtern" auf den Seiten 40 und 41.

Funke   Flamme   Brennstoff   Blitz   Feuerstein   Lagerfeuer   knistern   Kamin   Sauerstoff   löschen

Im Winter

Hier schüren Schmiede ein Feuer in einer Esse. Das ist eine offene Feuerstelle mit einem Abzug.
Die Schmiede verbrauchen viel Brennmaterial, denn das Feuer muss eine hohe Temperatur erreichen.
Erst dann können sie Eisen schmelzen und es in Formen gießen. Das glühende Eisen wird mit Hammerschlägen bearbeitet.
Das Gemälde wurde 1837 gemalt.

In einer Stadt ist ein Feuer ausgebrochen. Es breitet sich zu einem verheerenden Brand aus, zerstört Häuser und Brücken. Die Flammen lodern in den dunklen Himmel.
Junge und alte Menschen fliehen aus der brennenden Stadt.
Ist dieser Stadtbrand noch zu löschen?

2 Gestaltet mit Texten und Bildern einen Wandfries zum Thema „Feuer – Nutzen und Gefahren".

Kerze   Rauch   lichterloh   Asche   aufflammen   prasseln   züngeln   Feuerschein   Glut   olympisches Feuer

Feuer – Nutzen und Gefahren

Im Winter

So verhalte ich mich im Brandfall richtig:
- Fluchtweg nutzen
- keine Aufzüge nutzen
- ...

- Wer ruft an?
- Wo ist etwas geschehen?
- Was ist geschehen?
- Wie viele Personen sind betroffen?
- Welche Art der Verletzung/Erkrankung liegt vor?
- Warten auf Rückfragen!

112

BRANDSCHUTZ
- BRANDSCHUTZREGELN KENNEN UND ANWENDEN
- NOTRUF FEUERWEHR
- NOTRUF ABSETZEN
- AUFGABEN DER FEUERWEHR
  - RETTEN
  - LÖSCHEN
  - BERGEN
  - SCHÜTZEN

NUTZEN
- EISEN- UND STAHLINDUSTRIE
- HITZE UND VERBRENNUNG
- GLAS-HERSTELLUNG
- ENERGIE-ERZEUGUNG
- MÜLL-VERBRENNUNG

Eine Mindmap entschlüsseln

- Betrachte die Mindmap insgesamt. Verschaffe dir einen Überblick.
  – Lies dazu das Thema in der Mitte.
  – Lies dann im Uhrzeigersinn die Signalwörter auf den Hauptästen.
- Betrachte nun die Mindmap abschnittsweise.
  – Schaue dir dazu jeweils einen Hauptast mit Wörtern und Bildern an den Zweigen an.
- Erkläre mündlich oder schriftlich, was du den Abschnitten entnimmst.

Im Winter

Winterlichter bei uns …

In der Weihnachtszeit stehen in vielen Fenstern Leuchter und Schwibbögen.
Dieser Brauch stammt von den Bergleuten aus dem Erzgebirge. Ihre Familien stellten brennende Kerzen in die Fenster. Die Lichter sollten im Winter den Weg zum Schacht erhellen. Denn wenn die Bergleute morgens in den Schacht einfuhren, war es noch dunkel.
Und wenn sie den dunklen Schacht am Abend wieder verließen, war die Sonne schon lange untergegangen. Die Lichter in den Fenstern wiesen ihnen den Weg.

Oft trugen Figuren aus Holz diese Kerzen. Die Anzahl der Figuren im Fenster zeigte auch, wie viele Kinder in den Familien lebten. Meist hatten die Bergleute viele Kinder und die Fenster waren hell erleuchtet.

Der Name „Schwibbogen" kommt vom „Schwebebogen" aus der Baukunst. Schwebebogen nennt man einen gemauerten Bogen, der zwei Mauerteile überbrückt.

Bergschmiede stellten nach dieser Bogenform eiserne Leuchter her, die in der Grube aufgehängt wurden. Manche sagen, die Form des Bogens erinnere an den Tagbogen der Sonne. Andere meinen, sie erinnere an den Brauch der Bergleute, in finsteren Winternächten ihre Grubenlampen um das Stollenloch zu hängen. Der Leuchter zeigte Figuren aus dem Leben der Bergleute, Werkzeuge ihres Berufs und Wappen.

Tradition hat heute ein Schwibbogenwettbewerb in Stollberg, bei dem die Gewinner zur Königin oder zum König gekrönt werden. Die Sieger bei den Kindern werden Prinzessin oder Prinz.
Alle Kinder, die einen Schwibbogen angefertigt haben, erhalten eine Urkunde und ein Geschenk.

Für jeden Knaben stand ein geschnitzter Bergmann im Fenster.
Für jedes Mädchen leuchtete ein geschnitzter Lichterengel.

Schwibbogenprinz 2010 mit Schwibbogen

1 Wie würde dein Schwibbogen aussehen? Zeichne einen Entwurf.

Im Winter

... und anderswo

Auch in anderen Ländern leuchten in der Vorweihnachtszeit und danach viele Lichter.

In Schweden wird erzählt, dass die heilige Lucia jedes Jahr in den dunklen Tagen übers Moor gekommen sei, um den Menschen Licht zu bringen. Am 13. Dezember wird deshalb in Schweden der Tag der heiligen Lucia gefeiert. Lucia heißt die „Leuchtende" und stammt von dem lateinischen Wort „lux": das Licht. Auf einem Kranz aus Buchsbaumzweigen trägt Lucia brennende Kerzen. Die Kerzen sind ein Zeichen der Hoffnung und kündigen die Wiederkehr des Lichtes an. Mit einer solchen Krone brennender Kerzen ziehen junge Mädchen als Lichterkönigin Lucia mit ihrem Gefolge durch Kindergärten und Schulen, durch Krankenhäuser und Betriebe und singen das Lucia-Lied.

Jüdische Familien feiern zwischen November und Dezember ein acht Tage dauerndes Lichterfest. Dazu wird ein achtarmiger Leuchter, die Chanukka, aufgestellt. Vom ersten bis zum achten Tag wird jeweils eine Kerze angezündet. Alle sprechen einander in diesen Tagen Segenswünsche zu und singen fröhliche Lieder. Die Kinder bekommen Geschenke und Süßigkeiten. Das Fest gedenkt der Einweihung eines wiedererbauten Tempels in Jerusalem vor etwa 2000 Jahren. Chanukka ist das Fest der Freude.

Im Schweizer Kanton Graubünden feiert man am 29. Dezember das Lichterfest „Glümeras". Es ist ein Fest zur Wintersonnenwende. Erwachsene und Kinder basteln kleine Lichterschiffchen aus Rinde oder Walnussschalen. Sie werden mit einem Docht versehen, mit flüssigem Wachs gefüllt, angezündet und schwimmen dann in den Dorfteichen oder in Brunnen inmitten der Städte.

⭐ Informiere dich über Winterbräuche in anderen Ländern. Berichte darüber.

Freundeseite Im Winter

Brandschutzregeln

Eine Kerzenflamme ist sehr heiß. Direkt über der Flamme beträgt die Temperatur bis zu 750 °C. Selbst 10 cm über der Flamme sind es noch 350 °C. Leicht kann ein Brand entstehen. Gehe deshalb sehr vorsichtig mit Kerzen um. Zünde Kerzen nur an, wenn ein Erwachsener dabei ist.

Brandschutzregeln zum Umgang mit Kerzen beachten

Bevor du die Kerzen anzündest … 		… Sorge dafür, dass die Kerzen fest und nicht zu dicht nebeneinander stehen. Kerzenständer dürfen nicht entflammbar sein. Sie sollten aus Metall, Glas oder Keramik sein. Stelle einen Eimer mit Wasser oder Sand bereit. Sollte doch etwas brennen, kannst du sofort löschen.
Wenn du die Kerzen anzündest …		… Vorsicht! Nicht mit Ärmeln oder Haaren über die offene Flamme kommen. Streichholz nie in den Papierkorb werfen.
Wenn die Kerze brennt …		… Zugluft vermeiden. Kerze nie ohne Aufsicht lassen. Du weißt nie, ob du abgelenkt wirst und die brennende Kerze vergisst.
Wenn du die Kerzen löschst …		… Die Flamme möglichst nicht auspusten. Am besten mit einem Kerzenlöscher oder einem Metalllöffel ersticken.
Wenn es doch brennt …		… Ruhe bewahren. Versuche, alle Fenster und Türen zu schließen. Die Flammen müssen mit einer Decke oder mit Sand erstickt oder mit Wasser gelöscht werden. Gelingt das nicht, sofort die Feuerwehr rufen: **112**

1 Schreibt Brandschutzregeln auf, die in eurer Schule gelten.

Das tut mir gut

Was kann ich tun, um gesund zu bleiben?
Warum verändere ich mich in der Pubertät?
Wie kommt ein Kind zur Welt?

Das tut mir gut

Tipps für deine Gesundheit

Kinder sind die gesündeste Gruppe in der Bevölkerung. Aber manchmal werden auch Kinder krank. Meist gibt es dafür Anzeichen, der Arzt sagt dazu „Symptome":
Man friert, hat gar Schüttelfrost. Man fühlt sich müde und schwach oder hat Schmerzen.
Das Essen schmeckt nicht. Manchmal verändert sich auch die Haut – sie juckt, Pusteln erscheinen.
Der Körper wehrt sich gegen die Krankheit, bei manchem zeigt sich Fieber.

Die Körpertemperatur schwankt: Nachts ist sie niedriger als am Tag.

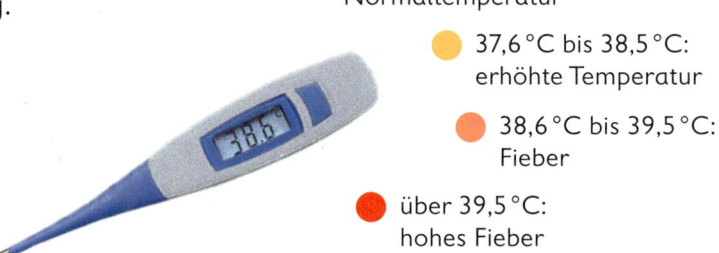

- 36,5 °C bis 37,5 °C: Normaltemperatur
- 37,6 °C bis 38,5 °C: erhöhte Temperatur
- 38,6 °C bis 39,5 °C: Fieber
- über 39,5 °C: hohes Fieber

Versuche nicht, Krankheitszeichen zu überspielen. Wie Paul: Abends hatte er Fieber, die Mutter gab ihm eine Tablette. Früh zog er los, obwohl ihm nicht gut war. Er wollte beim Ausflug unbedingt dabei sein. Am Ende musste der Lehrer ihn sogar ins Krankenhaus bringen. Der Ausflug war damit für alle zu Ende.
Jetzt, nach dieser Anstrengung, dauert es länger, bis Paul wieder gesund ist.
Deshalb: Bei Krankheitszeichen sofort zum Arzt!

1 Welche Krankheitszeichen hast du bei dir schon einmal festgestellt?

2 Messt eure Körpertemperaturen. Vergleicht. Was für ein Thermometer nutzt ihr dafür?

3 Wie kannst du Erkältungen vermeiden? Befrage Erwachsene nach Hausmitteln gegen Erkältung.

> Gesund ist, wer sich wohlfühlt, aktiv ist, wer gern arbeitet oder spielt, wer Freunde hat und selbst gut drauf ist.

Das tut mir gut

4 Protokolliere drei Tage lang alles, was du isst und trinkst.
Vergleiche mit der Ernährungspyramide. Schätze ein, ob du dich gesund ernährst.

Kinder essen, was zu Hause auf den Tisch kommt oder was es in der Schulküche gibt. Und schließlich das, was sie sich vom Taschengeld kaufen.
Wenn das Essen gut schmeckt, macht es Vergnügen. Vor allem aber ist es die Quelle unserer Energie und unserer Gesundheit. Doch nicht alles, was gut schmeckt, ist auf die Dauer gesund.

Die drei Gefahren beim Essen sind:
- zu wenig essen, um schlank zu bleiben,
- zu viel essen,
- sich einseitig ernähren, etwa mit Kartoffelchips, Schokoriegeln und Cola als Hauptnahrung.

So reagiert unser Körper:
- Wer zu wenig isst, ist meist auch müde, unlustig und unleidlich.
- Wer zu viel oder einseitig isst, wird schnell übergewichtig. Übergewicht belastet die Gelenke. Es kann sie schädigen und dazu beitragen, dass der Körper seine Ausdauer verliert. Dann machen Sport und Bewegung oft keinen Spaß mehr. Wenn sogar Fettleibigkeit entsteht, kann dies viele Krankheiten hervorrufen.

Das Kniegelenk ist eines der kunstvollsten Gelenke. Es verbindet drei Knochen zugleich fest und doch beweglich, sodass man mit den Beinen vieles kann:

rennen, springen, kauern, stehen, sogar tanzen.

Die Knie eines Zehnjährigen können etwa 30–35 kg auf längere Zeit tragen. Wenn sie ständig mehr Kilogramm bewegen müssen, können sie sich entzünden und verschleißen, sodass Hüft-, Knie- oder Fußgelenke beim Laufen schmerzen.

Oberschenkelknochen

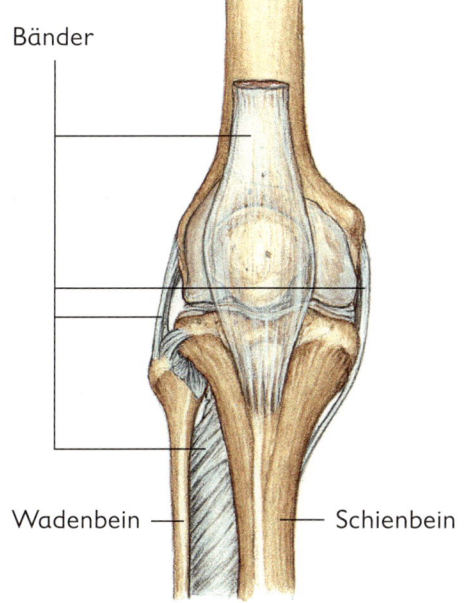

Bänder

Wadenbein — Schienbein

Gesundheitsfördernde Lebensweisen (Ernährung, Bewegung) benennen und begründen; Maßnahmen zur gesundheitsfördernden Lebensweise selbst anwenden

Das tut mir gut

Bei Übergewicht werden auch das Herz und der Blutkreislauf belastet.

 Pulsvergleich ohne und mit 5-Kilo-Gewicht
Frage: Was bedeutet Übergewicht für die Herzleistung?

Ihr braucht:
- Stoppuhr
- Rucksack
- 5-Kilo-Gewicht oder 5 kg Bücher
- Notizblock, Stift
- Treppen

Geht so vor:
- Jeder zählt seine Pulsschläge in einer Minute.
- Jeder läuft dann, so schnell er kann, zwei Stockwerke hoch. Messt sofort wieder den Puls.
- Wiederholt den Versuch nach 10 Minuten mit einem 5-Kilo-Gewicht im Rucksack.

Puls		
normal	nach Treppenlauf	mit Zusatzgewicht

- Vergleicht. Findet eine Erklärung.

Puls messen:

Puls bedeutet „schlagen" oder „klopfen". Den Puls kannst du am Handgelenk ertasten und messen. An ihm nimmst du deinen Herzschlag wahr.

Als die ersten Menschen lebten, waren sie tagsüber immer in Bewegung, um Nahrung zu suchen. Entsprechend entwickelte sich ihr Körperbau. Wir können lange Strecken laufen, klettern, Lasten tragen und vieles andere tun.

Was tun wir heute mit unserer Körperkraft?
Viele sitzen den ganzen Tag, ob im Büro oder beim Baggerfahren. Auch Kinder sitzen zu viel: in der Schule, vor dem Fernseher, vor dem Computer. Unser Körper aber braucht Bewegung. Deswegen sollten wir als Ausgleich Sport treiben. Gut ist es, an frischer Luft mit dem Rad zu fahren oder flott spazieren zu gehen. Ebenso ist Schwimmen gesundheitsfördernd.
Bewegung regt auch den Blutkreislauf an und kräftigt das Herz. Durch die Adern werden so der Sauerstoff und die Nährstoffe im Blut besser in alle Teile unseres Körpers gepumpt.

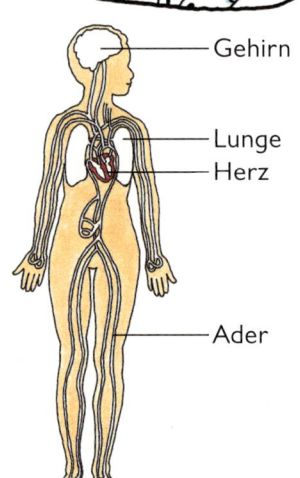
Gehirn — Lunge — Herz — Ader

Das tut mir gut

Die Atemzüge, das Ein- und Ausatmen pro Minute, nennt man <u>Atemfrequenz</u>.

 Die Atemfrequenz messen

Frage: Wie verändert sich meine Atemfrequenz bei körperlicher Anstrengung?

Du brauchst:
- eine Stoppuhr

Gehe so vor:
- Schätze deine Atemfrequenz pro Minute.
- Miss deine Atemfrequenz pro Minute – in Ruhe und nach mehreren Kniebeugen.
- Trage deine Ergebnisse in eine Tabelle ein.

gleiche Anzahl Kniebeugen für alle

Meine Atemfrequenz (Atemzüge pro Minute)		
geschätzt	gemessen in Ruhe	gemessen nach Kniebeugen

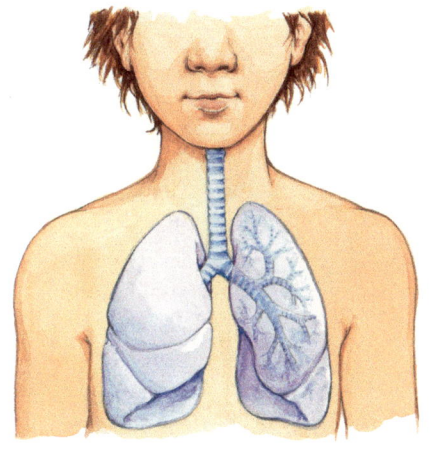

Für die meisten Vorgänge im Körper brauchen wir Sauerstoff, zum Beispiel, um die Muskeln zu bewegen. Darum benötigen wir ständig Luft, täglich zwischen 10 000 und 20 000 Liter. Wir atmen „frische Luft" ein, entnehmen ihr den Sauerstoff für unseren Stoffwechsel und erhalten dadurch Energie. Beim Ausatmen geben wir verbrauchte Luft ab. Dieser Gasaustausch erfolgt über die Lunge.

Wer schnell läuft, braucht mehr Energie und deshalb auch mehr Sauerstoff. Wer dann zu viel wiegt, braucht noch mehr Energie und Sauerstoff. Auch wer sich viel zu wenig bewegt, ist nicht fit. Mancher kommt da rasch „außer Puste", auch wenn er gesund ist.
Wer sich klug ernährt und mit Bewegung fit hält, hat einen „langen Atem".

5 Zähle, wie viele Liegestütze du am ersten und am zwanzigsten Tag, ohne abzusetzen, ausführen kannst.
Du wirst staunen.

Wie schnell deine Muskelkraft zunimmt, erkennst du an diesem Versuch:
Übe jeden Morgen Liegestütze.
Stütze dich dabei nur mit Händen und Zehen vom Boden ab.
Strecke und beuge nun die Arme.

Gesunde Lebensweisen (Ernährung, Bewegung) benennen und begründen;
Maßnahmen selbst anwenden; Zusammenhang Atmung und Stoffwechsel herstellen   AH S.15

Das tut mir gut

Jeder schätzt dich auch nach deiner Erscheinung ein. Achte auf Sauberkeit. Morgens und abends waschen oder duschen hält gefährliche Bakterien und Ungeziefer fern. Intimpflege ist besonders wichtig. Schlüpfe nach dem Duschen nicht wieder in die alte Unterhose oder die stinkigen Socken. Wechsle deine Wäsche regelmäßig. Was nutzt es, wenn du dich stylst, aber am ganzen Körper miefst? Lass dich auch nicht von Marken beeindrucken. Wähle selbst: Passt das Stück zu mir? Ist es leicht, bequem und auch gut zu säubern?

Wer den ganzen Tag unter Volldampf lebt, erschöpft sich irgendwann. Wenn du von der Schule kommst, solltest du ausruhen. Du kannst schlafen oder dich einfach nur setzen. Erholsam ist es besonders im Grünen, aber auch im Zimmer beim Hören deiner Lieblingsmusik. Suche einen Ruhepunkt für die Augen – ein Bild, einen Baum ... Versetze dich in dein Objekt. Wie würdest du als Baum leben und fühlen? Atme tief ein und aus.
Lass die Gedanken zehn Minuten wandern.
Kehre dann zurück. Du bist erholt. Du hast meditiert.
Nach einer solchen Pause fällt es dir leichter, Hausaufgaben zu machen.
Verabrede dich für später mit deinen Freunden, dann hast du für sie mehr Zeit. Und deine Arbeiten und Pflichten erledigst du bestimmt besser als am Abend.

Das tut mir gut

Im Straßenverkehr sind besonders Kinder gefährdet. Leicht werden sie von Autofahrern übersehen, besonders beim Abbiegen. Aber auch manche Kinder verhalten sich unaufmerksam:
Sie überqueren mit dem Fahrrad eine Kreuzung, ohne vorher den Verkehr zu beobachten.
Oder sie fahren gerade ein Rennen und übersehen dabei den entgegenkommenden Lastwagen.
Denke immer daran: <u>Radfahrer und Fußgänger sind die schwächsten Verkehrsteilnehmer.</u>
Selbst wenn du im Recht bist, versuche nicht, es durchzusetzen. Im Krankenhaus ist es langweilig …

Kleine, bunte Flaschen, „Alcopops", lassen es lustig werden oder vertreiben den Kummer – jedenfalls fürs Erste. Man trinkt noch eine zweite Flasche – später wird es zur Gewohnheit – und am Ende kann mancher vom Alkohol nicht mehr lassen, er ist <u>süchtig</u> nach Alkohol.
Aber auch das kann eine <u>Sucht</u> werden: naschen, essen, hungern, am Computer spielen, rauchen, unkontrolliert Medikamente einnehmen, anderen gefallen wollen.
Aufmerken sollte auch, wer ständig fernsehen will und unruhig wird, wenn der Fernseher nicht läuft, wer sich kaum für eine Sendung interessiert, sondern ohne Freude von einem Sender zum anderen „zappt". Für Sport, Freunde und zum Lernen bleibt da wenig Zeit.

Süchte sind Krankheiten. Deshalb:
Informiere dich, wie Süchte zu vermeiden sind.
Nutze Angebote im Ort.
Führe Gespräche mit Eltern, Freunden oder anderen vertrauten Menschen.

 Betrachtet im Internet „Plakate gegen das Rauchen". Sprecht darüber.

Gesundheitsfördernde Lebensweisen (Straßenverkehr, Süchte verhindern) benennen und begründen; Maßnahmen zur gesunden Lebensweise selbst anwenden — AH S.16

Das tut mir gut

6 Betrachtet die Bilder und lest die Texte. Diskutiert über das Verhalten der Kinder.

Immer ärgern mich die Jungen. Jetzt brauche ich was Süßes.

Wieder beim Laufen nur Letzter, jetzt brauche ich was zur Beruhigung.

Tipp 8 Kein einsamer Wolf werden!

Könnte ich doch nur auch so schlank sein!

7 Womit könntest du deiner besten Freundin oder deinem besten Freund eine Freude machen? Etwas, das kein oder nur wenig Geld kostet.

Besonders wohl fühlt man sich mit Freunden. Du kannst mit ihnen den Tag verbringen, sie um Rat fragen, ihr könnt euch gegenseitig helfen. Das heißt aber auch: An gute Freunde sollte man denken und ihnen gelegentlich eine Freude bereiten, sich um sie kümmern, wenn sie Sorgen haben. Man sollte ihnen hin und wieder sagen, wie sehr man sie mag und dass man sie braucht. Das festigt nicht nur eure Freundschaft. Gutes tun kommt meist zurück.

Das tut mir gut

Wie die Zeit der Pubertät beginnt

Menschen wachsen und entwickeln sich: Baby, Kleinkind, Schulkind … Mit zehn Jahren befindet ihr euch im Übergang zum Jugendalter. In den nächsten acht Jahren werdet ihr erwachsen und in den nächsten sechs Jahren auch fortpflanzungsfähig:
Bei den Mädchen reifen die ersten <u>Eizellen</u>.
Eines Tages wird aus der Gebärmutter eine reife Eizelle abgestoßen, mit einer Blutung, die nun etwa alle 28 Tage wiederkehrt. In den Hoden der Jungen wachsen <u>Samenzellen</u> – manchmal kommt es nachts zu Samenergüssen. In dieser Zeit nehmen Schamgefühle zwischen Mädchen und Jungen zu.
Kleinkinder ziehen sich noch ungeniert voreinander aus. Sie entdecken bald, dass es zwei Sorten Menschen gibt, aber es interessiert sie nicht sehr. Schon mit dem Eintritt in die Schule wird alles anders. Es gibt getrennte Toiletten. Man verbirgt seinen Körper, man zeigt sich nicht nackt vor anderen. Das ist Scham. Sie schützt den Einzelnen vor Spott und dummen Bemerkungen. Sie hilft uns auch, zu fühlen, was andere empfinden.
An manchen Orten überwindet man die eigene Scham. In der Sauna stört Kleidung beim Schwitzen, da sitzt man schon einmal nackt beisammen.
Auch an Nacktbadestränden ist es natürlich, nackt zu sein. Die Scham verschwindet auch, wenn zwei sich lieben. Sie dürfen einander betrachten, weil sie zusammengehören.

1 Betrachte das Bild: Benenne die körperlichen Veränderungen bei Mädchen und Jungen.

2 Welche körperlichen Veränderungen bemerkst du an dir?

Vergleichen, Veränderungen erkennen

- Betrachte im Bild 1 das Mädchen.
- Betrachte im Bild 2 das Mädchen im Schulalter.
- Finde Unterschiede. Sie zeigen Veränderungen.
- Betrachte das Mädchen in Bild 3 und die Frau in Bild 4. Vergleiche.

Veränderungen und bedeutende Phasen im Leben eines Menschen beschreiben; geschlechtsspezifische Entwicklung in der Pubertät kennen lernen   AH S.17

Das tut mir gut

Jungen und Mädchen – muss das schwierig sein?

Das sind Carl und Claire. Bisher gehörten sie zu verschiedenen Gruppen: Carl zu den Jungen, Claire zu den Mädchen. Jungen geben sich meist stark und mutig. Für Mädchen haben sie wenig Interesse. Und wie geben sich die Mädchen?

Seit einiger Zeit ist es anders. Seht euch Carl und Claire an! Sie stecken die Köpfe zusammen. Sie reden miteinander. Was ist passiert?

Mit etwa zehn Jahren beginnen wir uns stärker für das andere Geschlecht zu interessieren. Jungen schielen häufiger nach einem Mädchen, das sie interessiert. Und umgekehrt diskutieren Freundinnen gern darüber, wer von den Jungs für sie in Frage käme … Ein ganz normaler Vorgang. Wir sind nicht gemacht, um solo durchs Leben zu gehen. Heiraten kann man erst ab 18, aber verlieben kann man sich schon vorher.

Ratschlag für Jungen: Die Geschlechter sind zwar gleichberechtigt, aber manchmal wird erwartet, dass erst der Junge Interesse an einer Freundschaft äußert. Das muss zurückhaltend geschehen!
Also nicht: „Du, wollen wir ein bisschen knutschen?"
Sondern: „Schwere Aufgaben heute, nicht? Könnten wir die nicht zusammen machen?"
Jedes Mädchen weiß, dies ist ein Antrag.

Der Täuberich wirbt um das Weibchen: Er sträubt die Federn, lüftet die Flügel, senkt die Schwanzfedern und trippelt schnell um das Weibchen herum.

Das tut mir gut

Wenn sie sagt: „Weißt du, ich mach das lieber mit meiner Freundin", dann bist du abgelehnt. Trage es mit Würde. Tritt nicht nach, sondern lächle und sage: „O.K.!" Sonst bist du bei allen Mädchen unten durch. Denn Mädchen besprechen alles – auch dies.

Ratschlag für Mädchen: Jungen gehen oft nur nach dem Äußeren, sie machen sich erst an die Schönsten ran. Bist du attraktiv? Dann kannst du aussuchen. Du bist eher Durchschnitt? Dann hast du es besser. Du musst nicht alle abwimmeln, sondern kannst dich auf den konzentrieren, der dir gefällt. Lass ihn spüren, dass du ihn magst. Schenk ihm bei Gelegenheit einen Kaugummi oder frag ihn nach einer Aufgabe. Besuch ihn beim Fußball oder lad ihn ein – zum Radfahren, Eisessen oder zum Einkauf, den du für deine Oma machst.

Ratschlag für beide: Geht behutsam miteinander um.

Was können Mädchen von Jungen lernen? Jungen sind oft durchsetzungsfähiger als Mädchen, sie greifen öfter in den Unterricht ein oder stellen Fragen.

Ab hier hat er sie auf Händen getragen!

Was können Jungen von Mädchen lernen? Mädchen haben bereits jetzt mehr soziale Kompetenz als Jungen. Das ist die Fähigkeit, andere zu verstehen, einzubeziehen oder zeitweilige Bündnisse zu schließen.

1 Wegweiser für Jungen: Die Mädchen schreiben auf, was sie am Verhalten der Jungen mögen und was ihnen missfällt.

2 Wegweiser für Mädchen: Die Jungen schreiben auf, was sie am Verhalten der Mädchen mögen und was ihnen missfällt.

★ Was sollte im Unterricht und in der Zeit davor und danach im Umgang miteinander besser werden? Macht daraus ein Benimm-Büchlein, lest daraus vor und diskutiert darüber.

Veränderungen und bedeutende Phasen im Leben eines Menschen beschreiben; geschlechtsspezifische Entwicklung in der Pubertät kennen lernen   AH S.18

Das tut mir gut

Ein Mädchen entwickelt sich zur Frau

In der Pubertät bilden sich bei Mädchen die Geschlechtsmerkmale einer erwachsenen Frau heraus.

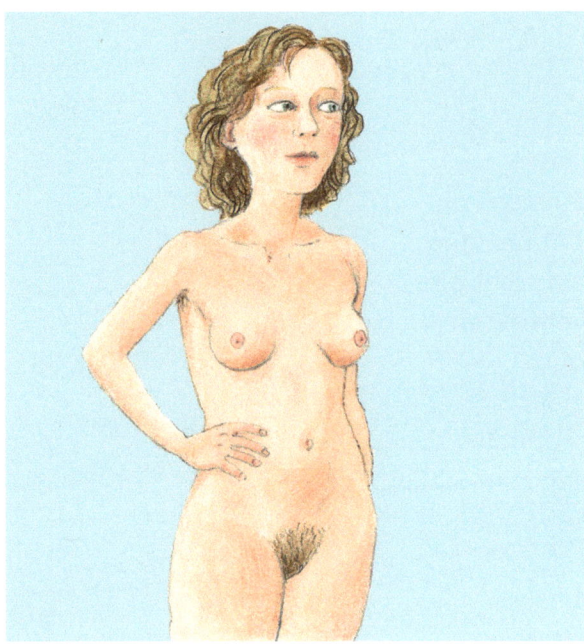
Der Körper einer jungen Frau

Körperbau
Frauen haben meist schmalere Schultern als Männer. Ihr Becken ist flacher und in der Mitte etwas breiter, denn der Beckenausgang muss so groß sein, dass der Kopf eines Babys bei der Geburt hindurchpasst. Unter der Haut der Frau bildet sich Fettgewebe, vor allem an den Hüften, der Brust und den Oberschenkeln. Dadurch wirkt der weibliche Körper weicher und runder als der Körper eines Mannes. Die Geschlechtsorgane der Frau sind durch eine Schambehaarung geschützt. Auch unter den Achseln wachsen Haare.

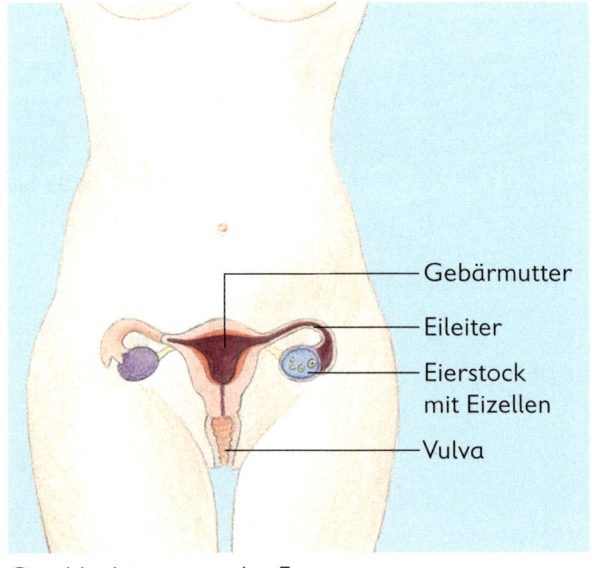
Geschlechtsorgane der Frau

Geschlechtsmerkmale
Frauen können Kinder gebären. Ihre Geschlechtsorgane sind dafür ausgebildet. In den Eierstöcken befinden sich Eizellen. Jeden Monat reift eine winzige Eizelle. Sie wandert durch den Eileiter zur Gebärmutter und nistet sich dort in einer gut durchbluteten Schleimhaut ein.
Wird die Eizelle nicht durch eine Samenzelle befruchtet, löst sich die Schleimhaut zusammen mit dem Ei ab. Die Monatsblutung, auch Regel oder Periode genannt, tritt ein. Dieser natürliche Vorgang dauert einige Tage. Danach baut sich eine neue Schleimhaut auf, wieder reift ein Ei.

1 Erkläre, wie sich ein Mädchen zur Frau entwickelt.

2 Wie findest du es, jugendlich und erwachsen zu werden?

Veränderungen und bedeutende Phasen im Leben eines Menschen beschreiben

S. 12

Das tut mir gut

Ein Junge entwickelt sich zum Mann

In der Pubertät bilden sich bei Jungen die Geschlechtsmerkmale eines erwachsenen Mannes heraus.

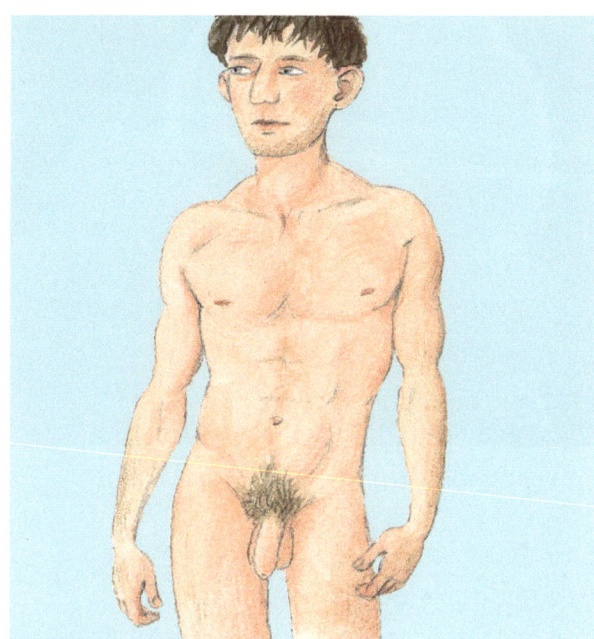

Der Körper eines jungen Mannes

Körperbau
Männer sind meist größer als Frauen. Ihre Schultern sind breiter und kantiger, die Brüste kaum entwickelt, das Becken ist eng und schmal. Männer haben auch kräftigere Muskeln als Frauen. Werden die Muskeln aber nicht beansprucht, erschlaffen sie. Auch Männer setzen Fettgewebe an, oft am Bauch. Männer haben meist eine tiefe Stimme, denn wenn die Geschlechtsorgane wachsen, vergrößert sich auch der Kehlkopf. Darin wird die Stimme erzeugt.

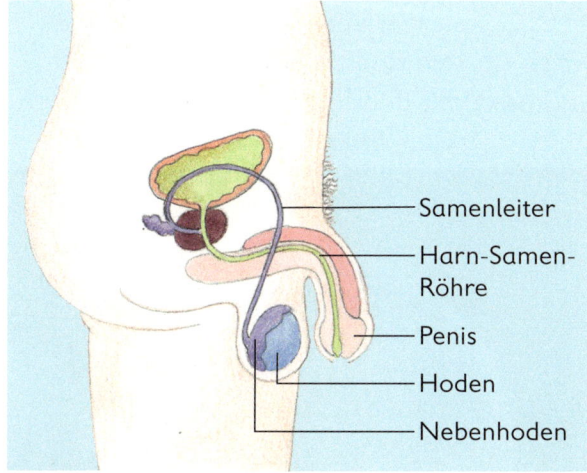

Geschlechtsorgane des Mannes

Geschlechtsmerkmale
Äußerlich sind die Hoden und der Penis (Glied) zu sehen. Die Hoden sind eine „Samenfabrik". Ständig werden Samenzellen produziert und in die Nebenhoden befördert. Viele Samenzellen sterben aber wieder ab. Der Penis kann steif werden und dann über den Samenleiter und die Harn-Samen-Röhre Samenzellen ausstoßen. Männern wächst ständig ein Bart. Unter und an den Armen und Beinen, an der Brust und in der Schamgegend sind Männer meist stärker behaart als Frauen.

 Erkläre, wie sich ein Junge zum Mann entwickelt.

 Legt einen Fragekasten an. Werft eine Woche lang Zettel mit euren Fragen zu den Themen „Vom Mädchen zur Frau", „Vom Jungen zum Mann" ein. Klärt die Fragen gemeinsam.

Veränderungen und bedeutende Phasen im Leben eines Menschen beschreiben

Das tut mir gut

Bevor Georg auf die Welt kam

David erinnert sich:
Als Mama uns sagte, wir bekommen noch ein Kind, waren Papa, Jule und ich vor Freude ganz aus dem Häuschen.

Ich stellte Mama viele Fragen:

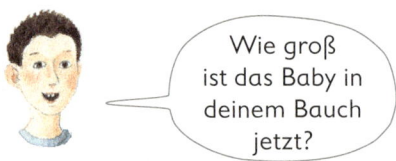

Wie groß ist das Baby in deinem Bauch jetzt?

Nach 8 Wochen ist es erst 25 mm groß. Es hat aber schon Beine, Arme, Hände und Füße. Sogar die Augen sind schon zu sehen.

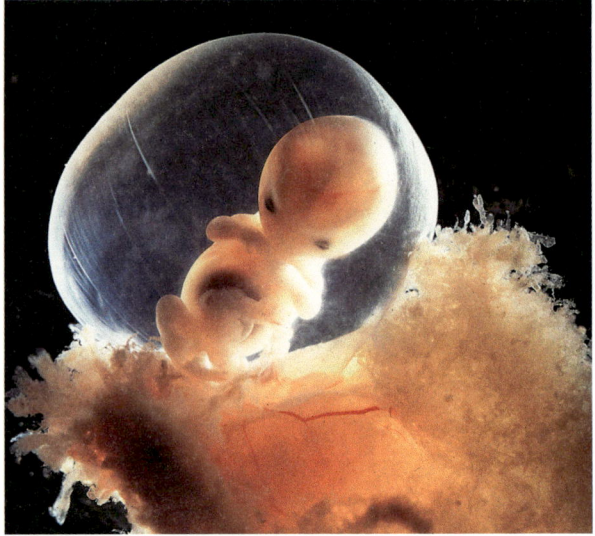

So sieht Georg nach 8 Wochen aus.

Das Baby wächst in der Gebärmutter. Es liegt darin in einer festen Blase, der Fruchtblase, und schwimmt im Fruchtwasser. Dieses Wasser schützt das Baby. Wenn ich laufe, wird es hin und her geschaukelt wie in einer Wiege. Wenn es wach ist, strampelt es mit den Beinchen und boxt mit den Fäusten.

Wo kann das Baby im Bauch wachsen?

Wie bekommt das Baby sein Essen?

Das Baby bekommt seine Nahrung durch eine lange Nabelschnur.
Das eine Ende der Schnur ist mit dem Nabel des Babys verbunden, das andere Ende mit meinem Blutkreislauf. Deshalb muss ich mich jetzt ganz gesund ernähren, viel Obst essen. Ich darf nicht rauchen und keinen Alkohol trinken.

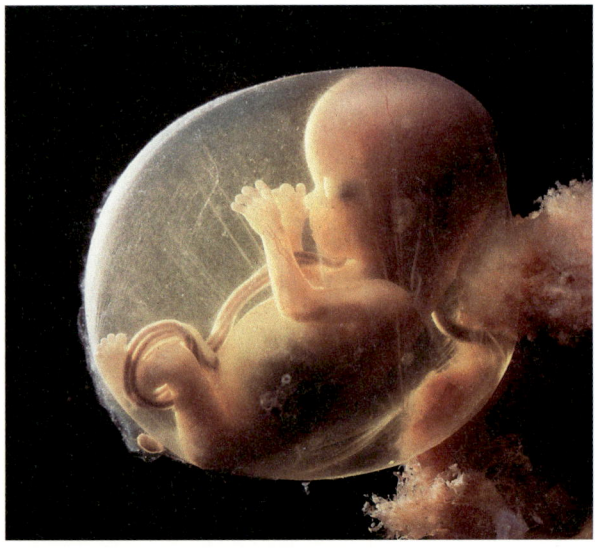

So sieht Georg nach 5 Monaten aus.

Entstehung und Entwicklung menschlichen Lebens beschreiben

Das tut mir gut

Kann das Baby im Bauch schon etwas hören?

Wie ist das Baby eigentlich reingekommen in deinen Bauch?

Nach 4 Monaten beginnt das Baby zu hören. Es hört, wie es in meinem Magen gurgelt, wenn ich etwas esse und trinke. Die ganze Zeit hört das Baby mein Herz klopfen und mein Blut rauschen. Es hört auch Stimmen und Musik. Wird es plötzlich laut, erschrickt es.

In meinem Bauch reift jeden Monat eine Eizelle heran. In Papas Hoden sind winzige Samen. Einer der Samen erreichte meine Eizelle, ich wurde schwanger.
<u>Wie kommt der Samen zur Eizelle?</u>
Wenn sich Mann und Frau lieben, wollen sie sich streicheln und eins sein. Das Glied des Mannes wird fest und kann in die Scheide der Frau gleiten. Aus dem Glied des Mannes strömen dann viele Samen. Viele sterben ab. Bis zu 300 Samenzellen werden zur reifen Eizelle transportiert. Sie lösen gemeinsam deren Hülle auf, aber nur eine Samenzelle befruchtet das Ei.

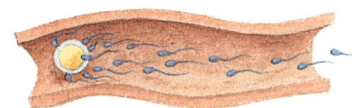

Samen unterwegs zum Ei

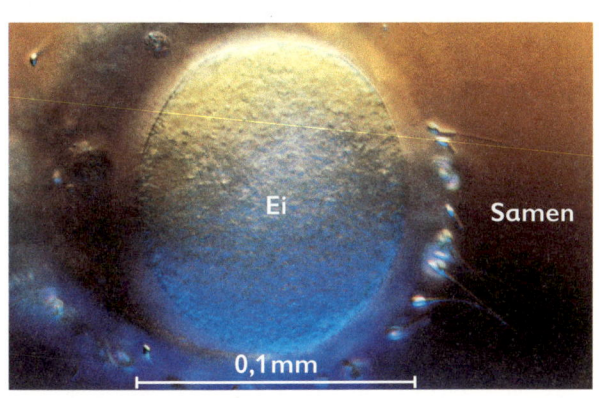

Das Ei im Bild ist stark vergrößert.

Wie lange muss das Baby in deinem Bauch bleiben?

In dieser Zeit bin ich 5 cm gewachsen. Georg aber ist schon 54 cm gewachsen.

Es dauert <u>9 Monate</u>, bis das kleine Menschenkind auf die Welt kommt.

Wie merkt man denn, dass das Baby auf die Welt will?

Wenn das Baby auf die Welt will, zieht sich die Gebärmutter mehrfach zusammen. Oft dauert eine <u>Geburt</u> viele Stunden. Ist der Kopf des Babys durch die Scheide gepresst, rutscht der kleine Körper hinterher.

Entstehung und Entwicklung menschlichen Lebens beschreiben

Das tut mir gut

Unser Leben mit Georg

David erzählt: Endlich ist Georg auf der Welt! Mama, Papa, Jule und ich freuen uns riesig und bestaunen das kleine Menschlein. Schon am ersten Tag hielt Georg meinen Finger fest.

Georg war bei der Geburt 54 cm lang und 3500 g schwer.

Ein Baby braucht viel Schlaf.

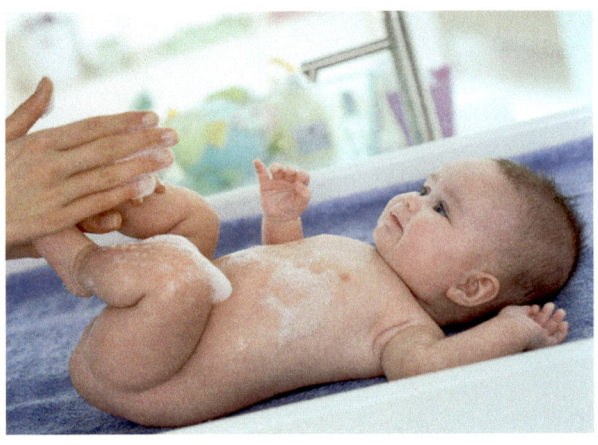

Das Baby wird gepflegt.

Wenn Georg satt und trocken ist und trotzdem weint, streichelt Mama ihn, schmust mit ihm und redet liebevoll auf ihn ein. Oder sie nimmt ihn in den Arm, wiegt ihn hin und her und singt ihm ein Lied vor. Und wenn das alles nicht hilft, bindet sich Mama ein Tragetuch um und trägt Georg mit sich herum. Das gefällt ihm sehr. Dann schläft er ein.

Ein Baby braucht viel Liebe und Zuwendung.

Was ein Säugling braucht

Liebe, Zuwendung

Nähe, Wärme und Nahrung

Spielzeug

Mama erkennt, ob Georg vor Hunger weint, ob ihm sein Bäuchlein weh tut oder ob er weint, weil er sich allein fühlt. Mama bleibt ruhig. Sie sagt: „Alles ist neu für Georg. Er ist ja noch so klein und braucht von uns allen Liebe und Aufmerksamkeit."

Das tut mir gut

"Ein Baby braucht regelmäßig Nahrung."

"Ein Baby braucht regelmäßige Pflege. Georg badet gern."

Wenn Georg vor Hunger weint, stillt ihn Mama, am Anfang alle 4 Stunden, sogar nachts. Langsam lernt er, dass nachts geschlafen und nicht getrunken wird. Als er mit 6 Monaten die ersten Zähnchen bekam, weinte Georg viel. In dieser Zeit hat er seinen ersten Brei gegessen, der hat ihm geschmeckt. Inzwischen ist Georg 72 cm lang und wiegt doppelt so viel wie bei seiner Geburt.

Nach jeder Mahlzeit wird Georgs Windel gewechselt. Dazu braucht man Feucht- und Öltücher, denn der Po darf nicht wund werden. Seit Georgs Bauchnabel abgeheilt ist, baden wir ihn 2- bis 3-mal in der Woche. Das mag er gern.
Zuerst haben wir noch kein Badeöl verwendet, damit er keine Allergien bekommt. Nach dem Baden pflegen wir seine Ohren und seine Nase mit einem weichen Tuch. Auf keinen Fall darf man Wattestäbchen dazu nehmen! Für Georgs Haare haben wir eine weiche Babybürste, mit der habe ich seine Kopfhaut leicht massiert.

Körperpflege von Kopf bis Fuß

Babykleidung

viel Ruhe und Schlaf

"Ein Baby muss erzählen, lachen und spielen."

Am Anfang war ich ein wenig eifersüchtig auf Georg. Aber als er mich das erste Mal anlächelte, war ich ganz glücklich.
Mit acht Wochen hat er schon mit mir erzählt, zuerst hat er gegurrt, später hat er Laute gesprochen und laut gelacht.
Als er drei Monate alt war, griff er nach dem Spielzeug, das ich ihm gab. Er hat es gleich in den Mund genommen.

1 Erkundige dich bei deinen Eltern über dein erstes halbes Lebensjahr. Sprich darüber.

Entwicklung menschlichen Lebens; Veränderungen und bedeutende Phasen im Leben eines Menschen beschreiben

S. 12, S. 14, S. 15

Freundeseite

Das tut mir gut

Zeitverläufe darstellen

Zeit vergeht: eine Stunde, ein Tag, ein Monat, ein Jahr …
In dieser Zeit erlebst du vieles und veränderst dich.
Das gilt auch für deine Mitmenschen und deine Umwelt,
für Pflanzen, Tiere, Orte … Du kannst Ereignisse dokumentieren,
zum Beispiel Tagebuch schreiben. Du kannst Zeitverläufe
als Zeitstufen gestalten oder auf dem Zeitstrahl darstellen.

Da steht unser Leben drin.

Zeitstufen „Lebensalter der Frau"

Das Bild entstand vor etwa 100 Jahren.
Es stellt die Lebensalter einer Frau dar.
Anders als heute bezog sich das Leben
der Frauen damals vor allem auf Haus
und Familie.

1 Beschreibe das Bild.
Was ist auf den Stufen dargestellt?

2 Erzähle, wie sich das Baby im ersten Lebensjahr entwickelt.

Zeitstrahl „Ein Mensch im ersten Lebensjahr"

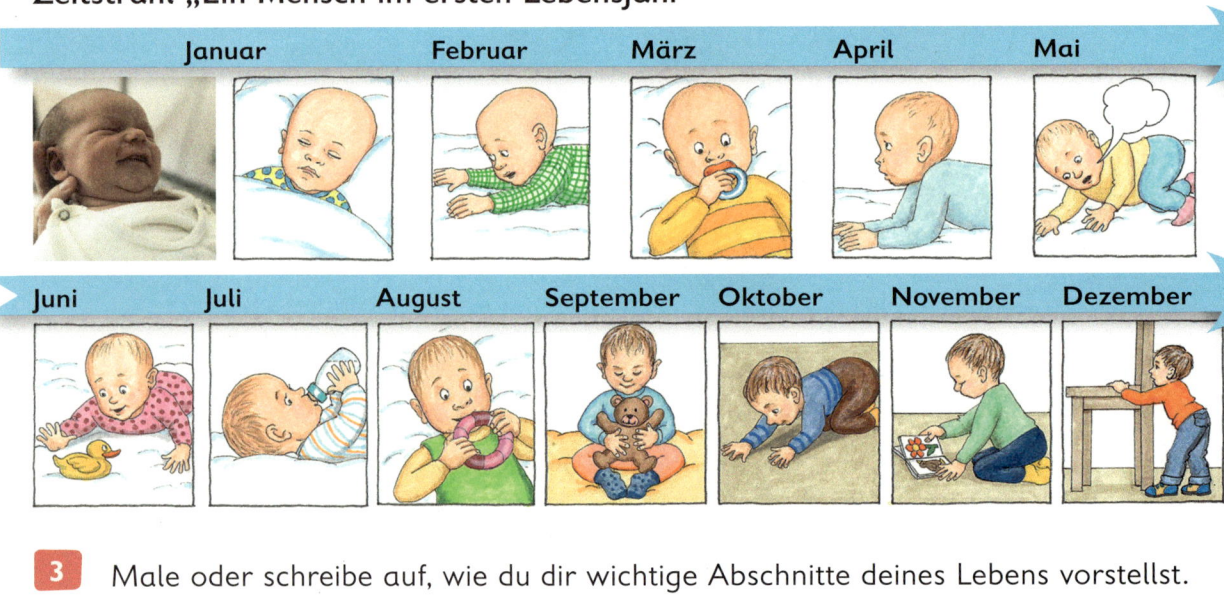

3 Male oder schreibe auf, wie du dir wichtige Abschnitte deines Lebens vorstellst.

Kreuz und quer durch unser Land

Wer oder was sind Halloren?
Was ist das „Auge der Altmark"?
Welche Orte verbindet
der Himmelsscheibenradweg?

1. Baumkuchen und Zuckerrüben aus Salzwedel
2. Roland in Stendal
3. Der „Riese Goliath" bei Stöckheim
4. Landwirtschaft in der Börde
5. Magdeburger Dom
6. Rathaus in Wernigerode
7. Brockenhexe
8. Harzquerbahn
9. Eulenspiegelturm in Bernburg
10. Biber im Biosphärenreservat Mittlere Elbe
11. Landwirtschaft im Fläming
12. Lutherdenkmal in Wittenberg
13. Pegelturm im früheren Tagebaugebiet Bitterfeld
14. Himmelsscheibe von Nebra im Landesmuseum Halle
15. Raffineriekraftwerk in Leuna
16. Ekkehard und Uta am Naumburger Dom
17. Weinanbau an der Unstrut

Mit der Landeskarte arbeiten

Kreuz und quer durch unser Land

Kreuz und quer durch unser Land

- Landesgrenze
- Kreisgrenze
- ● Landeshauptstadt
- ▢ kreisfreie Stadt
- ○ Kreisstadt
- ∼ Gewässer

Eine Landkarte ist eine verkleinerte, vereinfachte und verebnete Aufsicht auf das ganze Land. Was dort wirklich ist, zeigt die Karte in einer Bildersprache – mit Farben und Zeichen.

Eine Legende erklärt die Farben und Zeichen:
- Verkehrswege sind als Linien zu sehen.
- Rote Flächen oder kleine, weiße Kreise sind Orte. Das Schriftbild der Ortsnamen kennzeichnet auch, ob es große oder kleine Orte sind.
- Gewässer sind durch blaue Linien oder Flächen gekennzeichnet.

Die Lage von Orten, Gewässern, Bergen … kannst du mit Hilfe der Himmelsrichtungen oder auch nach den Farben der Landhöhen beschreiben.
Auf der Karte erkennst du die Kreise des Landes Sachsen-Anhalt und ihre Grenzlinien. Die Ausdehnung der Kreise und Entfernungen zwischen Orten kannst du mit Hilfe des Maßstabs messen.

Mit der Landeskarte arbeiten

- Betrachte die Karte.
- Lies in der Legende, was die Farben und Zeichen bedeuten.
- Wähle eine Farbe und ein Zeichen aus.
- Finde sie auf der Karte.
- Erkläre, was sie dir sagen, zum Beispiel:
  – zur Landschaft
  – zu dem Gewässer
  – zum Verkehrsweg
  – zur Entfernung zwischen Orten
  – zur Lage eines Ortes
  – …

1 Arbeitet zu den Aufgaben **A–E** mit der Karte. Wählt Aufgaben aus oder erfindet selbst noch welche.
Notiert die Ergebnisse und präsentiert sie.

A In welcher Landschaft liegt euer Heimatort? Vergleicht Orte – ihre Größe, ihre Lage, ihre Entfernung zur Landeshauptstadt …

B Sachsen-Anhalt grenzt an andere Bundesländer. Das Land ist in Kreise gegliedert. Zeigt Grenzen und benennt benachbarte Kreise und Bundesländer.

C Wo liegen Gebirge? Umfahrt die Flächen mit dem Finger, nennt die Namen und beschreibt die Lage.

D In welchen Höhenlagen gibt es Gewässer? Benennt Flüsse und Seen.

E Vergleicht zwei Landschaften: ihre Lage, die Höhenlage, die Verkehrsanbindung …

Räume Sachsen-Anhalts durch Lesen der Karte beschreiben und sich in diesen orientieren, Karten Informationen entnehmen   **AH** S.19–22

Kreuz und quer durch unser Land

Unser Land Sachsen-Anhalt im Überblick

Das Land Sachsen-Anhalt grenzt
im Nordwesten und Westen an Niedersachsen,
im Süden und Südwesten an Thüringen,
im Nordosten und Osten an Brandenburg und
im Südosten an Sachsen.

Fläche 20 445 km²
Einwohner etwa 2 339 000 Millionen (2010)
Landeshauptstadt Magdeburg

Große Städte

Lutherstadt Wittenberg — Stendal — Salzwedel — Magdeburg

Halle — Dessau

Höchste Erhebung Brocken mit 1 142 m
Flüsse und Kanäle Elbe, Saale, Mulde, Bode, Unstrut, Weiße Elster, Mittellandkanal, Elbe-Havel-Kanal
Seen Arendsee, Süßer See, Muldestausee
Talsperren Rappbodetalsperre, Talsperre Kelbra

Wappen Das Wappen des Landes vereint zwei Wappen: oben das der Provinz Sachsen und unten das des Freistaates Anhalt. Auf dem oberen Wappen mit den Balken und der grünen Raute ist der preußische Adler zu sehen, denn die Provinz Sachsen gehörte lange zum Staat Preußen. Im unteren Teil schreitet ein Bär über eine rote Zinnenmauer. Einst war der Bär das Wappentier der Fürsten von Anhalt-Bernburg („Bärenburg").

← 180 km → ↕ 240 km

Die Landesfarben sind Gold und Schwarz. Sie wurden dem Wappen entnommen.

Flagge Die preußische Provinz Sachsen führte seit 1884 die Farben Gold und Schwarz. Das Land Sachsen-Anhalt hat sie als Landesfarben übernommen.

1 Gestalte einen Kurzvortrag zu deinem Land.

Landesname Wie der Name und das Wappen zeigen, besteht Sachsen-Anhalt aus zwei Landesteilen: aus der 1815 gebildeten Provinz Sachsen und aus dem 1919 gegründeten Freistaat Anhalt.

Sachsen-Anhalt als Bundesland, Überblick gewinnen; benachbarte Bundesländer benennen; Geschichte: Wappen, Sehenswürdigkeiten kennen

Kreuz und quer durch unser Land

Landschaften Im Norden wechseln im flachen Land Wiesen, Heidelandschaften und größere Ackerflächen. Dazwischen liegen kleine Seen, sandige Hügel und ausgedehnte Kiefernwälder. Große Landesteile werden durch Flussauen geprägt. Südwestlich erheben sich die Mittelgebirge mit Wäldern, Felsen und Bergbächen rings um den Brocken. Im Süden gibt es steile Kalkwände und grüne Weinberge.

Menschen nutzen Landschaften
nährstoffreiche Böden → Anbau von Feldfrüchten
Wiesen → Viehwirtschaft
Seen → Fischfang, Erholung
Wälder → Holzverarbeitung, Erholung
Gebirge und Felsen → Weinanbau, Wandern, Klettern

Seen, Wälder, Gebirge und Städte sind beliebte Urlaubsziele. Über 200 Naturschutzgebiete wurden eingerichtet, um die Vielfalt der Tier- und Pflanzenwelt zu erhalten.

2 Wie wird die Landschaft in deiner Umgebung genutzt?

★ Erkunde ein Ereignis oder eine Persönlichkeit aus der Geschichte Sachen-Anhalts genauer. Präsentiere deine Ergebnisse.

Aus der Geschichte

1517 Am 31.10. tritt Martin Luther in Wittenberg mit 95 Thesen für eine neue, andere Kirche ein.

1663 Otto von Guericke erfindet die Luftpumpe.

1754 Dorothea Erxleben aus Quedlinburg erlangt als erste Frau in Deutschland den Titel „Doktor der Medizin".

1834 Richard Wagner ist Kapellmeister in Magdeburg.

1840 Der erste Eisenbahnzug fährt von Magdeburg nach Halle.

1990 Nach der Wiedervereinigung wird das Land Sachsen-Anhalt neu gegründet.

1999 Die Himmelsscheibe von Nebra wird gefunden.

Sachsen-Anhalt als Bundesland, Überblick gewinnen; historische Ereignisse in eine chronologische Abfolge einordnen

AH S.19–22

S. 13, S. 14, S. 15

Kreuz und quer durch unser Land

Porträt der Landeshauptstadt Magdeburg

Der Name Magdeburg bedeutet so viel wie „große berühmte Burg". Vor 1200 Jahren wurde „Magedoburg" erstmals in einer Urkunde erwähnt. Die Ansiedlung war die wichtigste Hofburg von Kaiser Otto I. Weil sich hier im Mittelalter viele Handelswege kreuzten, wuchs an der Elbe eine der größten Städte Deutschlands heran. Viele kunstvolle Bauwerke dieser Zeit, wie der Dom oder das Kloster „Unser Lieben Frauen", sind wie viele andere Bauwerke an der „Straße der Romanik" zu finden.

1 Welche Bauwerke an der „Straße der Romanik" gibt es in eurer Nähe?

⭐ Seit 2010 nennt man Magdeburg auch „Ottostadt". Erfrage, warum.

Der „Magdeburger Reiter" am Markt – Kaiser Otto I. –, auch Otto der Große genannt

VOM AUFBAU DER STADT

Der Magdeburger Dom ist das Wahrzeichen der „Ottostadt". Er wurde in 300 Jahren erbaut und ist eine der größten Kirchen in Deutschland.

MAGDEBURG-INFORMATION

- Landeshauptstadt an den Ufern der Elbe
- Einwohnerzahl 2010: 230 456
- Größe 201,6 km²
- 40 Stadtteile
- Stadt mit viel Grün

www.magdeburg.de

Kreuz und quer durch unser Land

Teile von Magdeburg liegen auf einer lang gestreckten Insel. Im Stadtgebiet gibt es sehr viele Grünflächen, wie den Rotehorn-Park.
Auch heute noch „kreuzen viele Handelswege" die Stadt. Ein Beispiel dafür ist der Magdeburger Binnenhafen.
In Magdeburg gibt es zwei Hochschulen, viele Sehenswürdigkeiten, Museen, Theater und Kinos.

Die Grüne Zitadelle ist das letzte Projekt des Künstlers Friedensreich Hundertwasser.

Rotehorn-Park: vom Aussichtsturm schauen

Dom: zur Geschichte forschen

Kloster Unser Lieben Frauen: ein Konzert hören

Schiffsmühle: beim Mehlmahlen zusehen

Der Jahrtausendturm ist das höchste Holzgebäude Deutschlands. Dort könnt ihr in einer Ausstellung zur Entwicklung der Wissenschaften experimentieren.

EIN BERÜHMTER MAGDEBURGER

Der Bürgermeister und Wissenschaftler Otto von Guericke sorgte 1656 mit einem Experiment für großes Aufsehen: Weder 4 noch 16 Pferde konnten 2 kupferne leere Halbkugeln auseinanderziehen, weil vorher die Luft herausgepumpt worden war.

Einen Flyer gestalten

- Sammelt Material über Magdeburg.
- Faltet den Flyer.
- Legt eine Seitenfolge fest: Titel, Geschichte, die Stadt heute … oder: der Flyer als Zeitleiste.
- Wählt Fotos aus, schreibt Texte.
- Gestaltet mit eurem Material den Flyer.

2 Haltet mit Hilfe des Flyers einen Kurzvortrag.

Kreuz und quer durch unser Land

Von Findlingen und Ziegelsteinen ...

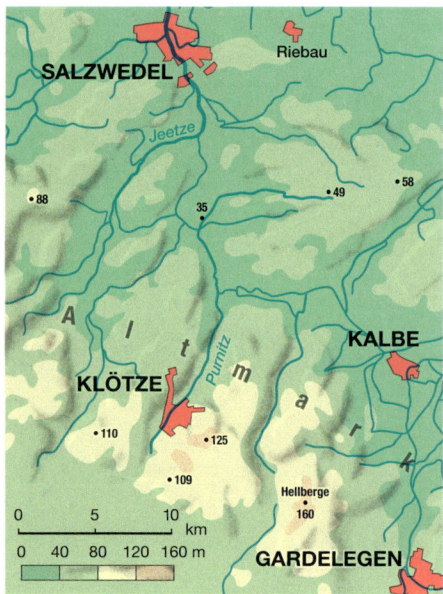

Im Norden von Sachsen-Anhalt liegt die Altmark. Diese Landschaft wurde in der letzten Eiszeit geformt. Nach dem Abschmelzen des Eises blieben flaches Land und Hügel zurück und tausende von großen und kleinen Feldsteinen, Findlinge genannt. Die kleineren nahmen die Menschen später zum Bauen von Türmen, Kirchen und Mauern, aber auch für Häuser und Straßen.

Feldsteinkirche in Riebau

Niederländische Siedler brachten eine neue Bautechnik ins Land: das Bauen mit gebrannten Ziegelsteinen.
Als Rohstoff wurde Lehm aus den Flusstälern der Elbe genutzt. Um Tangermünde entstanden zahlreiche Ziegeleien. Mittelalterliche Backsteinbauten können wir heute noch in Tangermünde, Salzwedel und Stendal bewundern.

Interessante Themen finden

- Schreibt auf kleine Kärtchen, was euch interessiert:
  – Feldstein- und Backsteinbauten
  – Geschichte unseres Ortes
  – Kleinbahnen
  – Bauten an der Straße der Romanik
  – Geschützte Pflanzen und Tiere
  – Wo Leute arbeiten
  – Sagen aus Sachsen-Anhalt
  – Berühmte Leute
  – Wie die Seen entstanden

Bergfried in Salzwedel, Teil der einstigen Burg

Neustädter Tor in Tangermünde

Backsteinbau am Rathaus in Stendal

Oberflächengestalt kennen: kontrastierende Landschaften;
Objekte in die wirkliche Umgebung und in die Karte (Umschlagseite) einordnen   AH S. 25–31

Kreuz und quer durch unser Land

... von einer Perle und 1000 Gräben

Das Strandbad Arendsee ist beliebt, weil das Wasser sehr sauber ist.

Ein Thema bearbeiten

- Notiert Fragen.
- Sammelt Material: Fotos, Postkarten, Kataloge, Landkarten … und Informationen: im Internet, bei Gesprächen mit Einwohnern, in der Bibliothek, im Museum … Macht dazu Notizen.
- Schreibt Texte, fotografiert und zeichnet.
- Präsentiert die Ergebnisse als Poster, Sammelordner, in Ausstellungen, im Vortrag, im Internet.

Im Norden der Altmark schimmert das klare Wasser des Arendsees inmitten der grünen Landschaft. Deshalb nennen ihn die Leute das „Auge" oder die „Perle" der Altmark. Der See ist fast 50 m tief. Wer um den Arendsee laufen will, muss etwa 10 km zurücklegen. Jährlich erholen sich hier viele Menschen beim Schwimmen, Tauchen, Segeln und Surfen.

Im Südwesten der Altmark liegt eine flache Landschaft mit Wiesen und Wäldern, der Naturpark Drömling – das „Land der 1000 Gräben".
Woher kommen die vielen Gräben?
Noch vor 250 Jahren war hier Sumpfgebiet. Um es trockenzulegen, wurden tausende von Gräben gezogen. Diese leiteten das Wasser in Kanäle ab. So entstanden saftige Wiesen, auf denen sich bald Störche wohlfühlten, sogar der scheue Schwarzstorch.

1 Beschreibe die Landschaft in deiner Umgebung.

In der Altmark gibt es seit jeher Landwirtschaft. Auf den Wiesen weiden viele Rinder, deren Milch zu Butter, Käse und Milchpulver verarbeitet wird. Milch und Butter werden auch für den berühmten Baumkuchen aus Salzwedel gebraucht. Über ihn sagt man:

> In dei wiede, wiede Welt wird nerning so'n schön Baumkuchen backt als in Soltwedel.

Kreuz und quer durch unser Land

Unterwegs in unserem Land – in der „Toskana des Nordens" …

Im Süden Sachsen-Anhalts liegt das Saale-Unstrut-Land mit hellen Stränden, mit grünen Auen und steilen Hängen. Der kalkhaltige Boden der Berghänge ist für den Weinanbau gut geeignet. Wo Saale und Unstrut zusammenfließen, liegt das nördlichste Weinanbaugebiet Europas. Seit über 1000 Jahren reift hier Jahr für Jahr an den sonnigen Hängen der Kalkfelsen Wein. Die Trauben werden im Herbst zur Weinlese von Winzern in mühevoller Handarbeit geerntet. In Keltereien werden sie gepresst und zu Traubensaft, Wein oder Sekt verarbeitet. Der Weinanbau bestimmt in der Region das Leben der Menschen. Er bringt ihnen Arbeit und begleitet sie beim Feiern. So werden im Juni Weinblütenfeste gefeiert und im September Winzerfeste.

1 Erfrage, warum diese Region auch „Toskana des Nordens" genannt wird.

 Erkundige dich, welche Aufgaben ein Winzer hat.

Dieses Riesenfass entstand aus 25 Eichen.

Viele Landwirte der Region Saale-Unstrut betreiben Ökolandbau. Beim Anbau von Pflanzen kommen keine Chemikalien zum Einsatz, die umwelt- oder gesundheitsschädlich sind. Die Tiere werden tiergerecht gehalten. Ihr Futter wird fast immer auf dem Hof angebaut. Die Kunden können Bio-Lebensmittel direkt in den Hofläden kaufen oder sich nach Hause liefern lassen. Angeboten wird z.B. Obst von Streuobstwiesen, wie Birnen, Äpfel und Pflaumen. Unter den Obstbäumen wachsen wertvolle Futterpflanzen für Haustiere. Deshalb werden Streuobstwiesen zweimal im Jahr gemäht. Außerdem bieten diese Wiesen vielen Tieren Lebensraum, in dem sie Schutz, Nahrung und Zuflucht finden.

2 Informiere dich, wie in deiner Region Obst angebaut und vermarktet wird.

Kreuz und quer durch unser Land

... und bei den Halloren

Halle an der Saale ist die größte Stadt in unserem Land. Es gibt sie seit über 1000 Jahren. Bekannt wurde sie durch das Salz, das aus salzhaltigen Quellen in und bei Halle gewonnen wurde. Ihm verdankt die Stadt auch ihren Namen, denn „hal" ist ein altes Wort für Salz.
Die Salzsieder hießen Halloren.
Das Salzwasser, die Sole, erhitzten sie in großen Siedepfannen. Wenn das Wasser verdampft war, blieb das Salz zurück. An die Geschichte der Salzsieder erinnert das Halloren- und Salinemuseum am Saaleufer.

Schausieden im Museum

In Halle selbst hat das Wort „Halloren" noch eine völlig andere Bedeutung. Hier steht auch Deutschlands älteste Schokoladenfabrik – die Halloren Schokoladenfabrik. Ihr bekanntestes Produkt sind die Hallorenkugeln, die aussehen wie die Silberknöpfe auf den einstigen Trachten der Halloren-Bruderschaft.
Im Schokoladenmuseum der Fabrik kann man nicht nur ein ganzes Zimmer und das alte Hallenser Rathaus aus Schokolade bewundern, sondern man erfährt auch viel über die Schokolade selbst und kann zuschauen, wie sie verarbeitet wird.

Herstellung der Hallorenkugeln

3 Erkundige dich, welche Produkte in Halle noch hergestellt werden.

Schokoladenzimmer

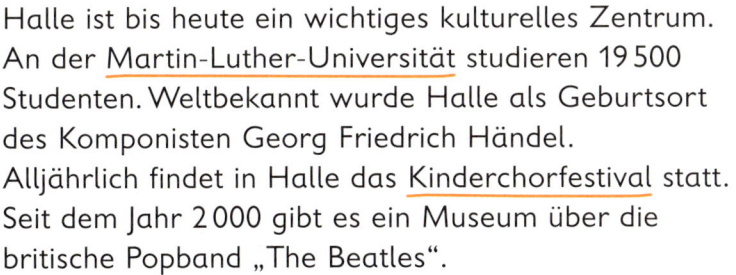

Halle ist bis heute ein wichtiges kulturelles Zentrum. An der Martin-Luther-Universität studieren 19 500 Studenten. Weltbekannt wurde Halle als Geburtsort des Komponisten Georg Friedrich Händel.
Alljährlich findet in Halle das Kinderchorfestival statt. Seit dem Jahr 2000 gibt es ein Museum über die britische Popband „The Beatles".

Kreuz und quer durch unser Land

Unterwegs in unserem Land – ...

Für die Wirtschaft unseres Landes sind Verkehrswege wichtig. Über Straßen, Schienen, Flüsse, Kanäle und auf dem Luftweg werden Waren, Rohstoffe und andere Güter transportiert.
Auch für den Personenverkehr sind gute Verkehrsverbindungen notwendig. In einigen Regionen des Landes gibt es für die Einwohner zu wenige Arbeitsplätze. Viele Menschen fahren deshalb mit Bus, Bahn oder PKW weite Strecken zur Arbeit.

1 Beobachtet Verkehrswege:
- Woher kommen LKWs? Was transportieren sie?
- Wen oder was transportieren verschiedene Züge?

Landwege

Schienen

Straßen

Wasserwege

Luftwege

Durch Sachsen-Anhalt führen die Autobahnen A 2, A 9, A 14 und A 38.
Die A 14 wird in nördlicher Richtung von Magdeburg über Wittenberge nach Schwerin verlängert.
Man hofft, dass durch günstigere Verkehrsbedingungen Arbeitsplätze erhalten und neue entstehen werden.

Verkehrswege des Landes kennen lernen; Räume Sachsen-Anhalts durch Lesen der Karte beschreiben und sich in diesen orientieren

AH S. 32, 33

Kreuz und quer durch unser Land

... Verkehrswege verbinden

Das Radwegenetz ist gut ausgebaut. Neue Radwege werden vor allem dort gebaut, wo viele Touristen unterwegs sind. Einer der beliebtesten ist der Elberadweg. Er führt durch vier Bundesländer von Bad Schandau bis Dessau und weiter nach Cuxhaven.
Auf dem Elberadweg kann man die einzigartige Flusslandschaft mit ihren seltenen Tier- und Pflanzenarten, ihren kleinen Dörfern und romantischen Städten „erfahren".

 Informiere dich näher über den Elberadweg (www.elberadweg.de): Sehenswürdigkeiten, Streckenprofil …

Durch unser Land führen mehrere Eisenbahnstrecken, wie die Verbindung Nürnberg–Halle–Dessau–Berlin oder die ICE-Strecke Berlin–Stendal–Hannover. Im Harz gibt es drei Schmalspurbahnen, die mit Dampfloks betrieben werden. Die Brockenbahn verbindet Wernigerode mit dem Brocken. Die Harzquerbahn beginnt in Nordhausen und die Selketalbahn in Quedlinburg.

Die wichtigsten Schifffahrtswege des Landes sind der Mittellandkanal, der Elbe-Havel-Kanal sowie die Elbe und die Saale. Häfen gibt es in Magdeburg, Aken, Rosslau, Haldensleben und Halle-Trotha. Hier werden Schiffe be- und entladen.

2 Informiert euch, welche Güter die Schiffe transportieren.

Das Land hat drei bekannte Flughäfen. Der Flugplatz Magdeburg wird für den Luftsport und von Privatfliegern genutzt, der Flughafen Magdeburg-Cochstedt für Linienflüge. Auf dem Flughafen Leipzig-Halle starten und landen große Verkehrsflugzeuge des internationalen Luftverkehrs.

3 Informiert euch, welche Flugverbindungen bestehen.

Verkehrswege des Landes kennen lernen; Räume Sachsen-Anhalts durch Lesen der Karte beschreiben und sich in diesen orientieren   AH S.32, 33

Kreuz und quer durch unser Land

Unterwegs in unserem Land – auf Flüssen, ...

Sachsen-Anhalt ist von vielen Flüssen und Kanälen durchzogen. Das Hauptgewässer ist die Elbe.
Der Fluss ist eine der wichtigsten natürlichen Wasserstraßen in Deutschland.
Die Elbe durchfließt Sachsen-Anhalt von Südost nach Nordwest auf einer Länge von 285 Kilometern. Für die Schifffahrt ist diese Wasserstraße eine wichtige Verbindung zum Überseehafen Hamburg.
Weitere bedeutende Schifffahrtswege sind die Saale, der Mittellandkanal und der Elbe-Havel-Kanal.

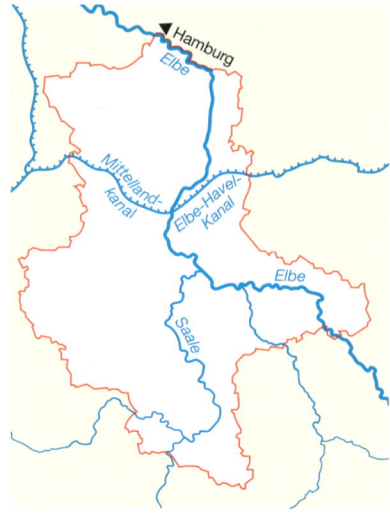

 Wie lang ist die Elbe von der Quelle bis zur Mündung?

Seit über 1000 Jahren gibt es auf der Elbe Schifffahrt und Handelsverkehr. Oft wurden die Schiffe von Flusspiraten überfallen. Um 1820 fuhren auf der Elbe die ersten Dampfschiffe. Deshalb wurde der Fluss weiter ausgebaut und die Fahrrinne vertieft.

Salzhafen: Flussaufwärts wurden Fisch und Salz, Honig und Wachs transportiert, flussabwärts Getreide, Sandstein, Ziegelsteine und Bauholz sowie Tiere und Tierhäute.

Kettenbrücke im Wörlitzer Park

An der Elbe liegt der Wörlitzer Park, einer der schönsten Landschaftsgärten in Europa. Man kann dort nicht nur auf Wegen spazieren, sondern auch auf dem Wasser „gondeln". Den Kindern gefällt die schwankende Kettenbrücke am besten.
Der Wörlitzer Park geht direkt in die Elbaue über. Dort leben noch viele seltene Tiere, zum Beispiel Fledermäuse. Auch der Biber baut hier seine Burgen.

Gewässernetz als Verkehrswege kennen lernen; Räume Sachsen-Anhalts durch Lesen der Karte (Umschlagseite) beschreiben und sich in diesen orientieren   AH S.25–31, 34

Kreuz und quer durch unser Land

... Brücken und Kanälen

Um Wasserwege zu verkürzen und Flüsse zu verbinden, werden künstliche Wasserstraßen, Kanäle, angelegt. Wie mit Hilfe der Technik die Natur immer sinnvoller ergänzt wird, zeigt das Wasserstraßenkreuz Magdeburg. Es schafft eine durchgängige Verbindung auf dem Wasserweg vom Westen in den Osten Deutschlands.

 Finde heraus, warum eine schnelle Verbindung auf dem Wasserweg zwischen Ost und West wichtig ist.

Eine Trogbrücke aus Stahl führt den Mittellandkanal über die Elbe in den Elbe-Havel-Kanal.
Die Brücke ist 918 m lang, 34 m breit und hat eine Wassertiefe von 4,25 m.
Es ist die längste Kanalbrücke Europas und eine der größten Schiffsbrücken der Welt. Durch dieses Wasserstraßenkreuz werden das ganze Jahr über Güter vom Rhein bis an die Oder transportiert.

An der Doppelschleuse Hohenwarthe werden die Schiffe 18,50 m tief in den Elbe-Havel-Kanal hinabgeschleust.
Um für die Schiffe lange Wartezeiten zu vermeiden, wurde eine doppelte Schleuse gebaut. Eine Mittelmauer trennt beide Schleusenkammern voneinander. Die zwei Kammern liegen nebeneinander und sind jeweils 190 m lang und 12,50 m breit. Damit sind sie groß genug, um moderne Güterschiffe zu befördern.

 Informiere dich im Internet genauer, wie eine Schleuse funktioniert.

Gewässernetz als Verkehrswege kennen lernen; Räume Sachsen-Anhalts durch Lesen der Karte (Umschlagseite) beschreiben und sich in diesen orientieren   AH S. 25–31

Kreuz und quer durch unser Land

Süßes Gold in der Börde – von der Zuckerrübe ...

Zuckerrohr

Zuckerhut

Aussaat der Rübensamen

Rübenpflänzchen

Rübenfeld

Rübenernte

Rohrzucker

Noch vor 200 Jahren nahm man bei uns Honig zum Süßen der Speisen.
Zucker aus Zuckerrohr galt als Arzneimittel. Es sollte Patienten heilen und stärken. Nur Reiche konnten sich Zucker als Luxus leisten.
Dieser Zucker wurde in südlichen Ländern aus Zuckerrohr gewonnen, indem man zum Beispiel heißen Zuckerrohrsaft in kegelförmige Gefäße goss.
Diese hatten an der Spitze eine Öffnung, wo die Flüssigkeit abtropfte. Zurück blieb ein Zuckerhut.
Bis heute wird das bis zu 7 m hohe und bis zu 5 cm dicke Zuckerrohr auf Plantagen in schwerer Handarbeit geerntet. Viele Arbeiter erhalten dafür nur wenig Lohn.

Zuckerrübenanbau

1747 entdeckte der Chemiker Andreas Sigismund Marggraf, dass in Runkelrüben Zucker enthalten ist. Anfang des 19. Jahrhunderts gab es erste Zuckerfabriken. Man züchtete Zuckerrüben, die immer mehr Zucker enthielten. Heute liefern 10 Zuckerrüben etwa 1 kg Zucker.
Die zweijährige Pflanze braucht zwei Jahre, um zu blühen und Samen zu bilden. Für das Ernten von Zuckerrüben reicht jedoch ein halbes Jahr: Im März oder April werden die Samen in Reihen ausgesät. Die Pflanze entwickelt schon im Sommer die Rüben. Im Herbst ist Rübenernte.
Für den Anbau der Zuckerrüben ist der Lössboden in der Magdeburger Börde besonders gut geeignet.

1 Informiere dich, wo Zuckerrohr angebaut und wie es geerntet wird. Erstelle eine Tabelle mit wichtigen Erzeugerländern.

2 Erkundige dich, wo in der Nähe Zuckerrüben angebaut werden.

3 Wie werden sie geerntet? Notiere.

Kreuz und quer durch unser Land

... zum Weißzucker

Aus braunem Saft wird weißer Zucker

Die Rüben werden in Zuckerfabriken gewaschen und zerkleinert.
- Heißes Wasser löst Zucker aus den Rübenschnitzeln. Ein Rohsaft entsteht.
- Der Rohsaft wird gereinigt. Nun entsteht Dünnsaft.
- Durch Verdampfen wird dem Saft Wasser entzogen, dabei bleibt goldbrauner Dicksaft zurück.
- Verdampft daraus noch mehr Wasser, bildet sich ein Zuckerkristall-Sirup-Gemisch.
- In Zentrifugen wird der Sirup herausgeschleudert. Nun reinigt eine Wasser- und Dampfdusche den Zucker von letzten Sirupresten. Weißzucker ist entstanden.

4 Lies auf Verpackungen, wo Zucker hergestellt wird. Betrachte, fühle, koste, erhitze Weißzucker. Notiere einige Eigenschaften.

Zucker – ein Genuss?

Jeder Deutsche verbraucht im Jahr etwa 35 kg Zucker. Das ist viel. Wir geben Zucker nicht nur in unseren Tee. Viel Zucker ist oft auch versteckt in Speisen, Gewürzen und Getränken: Kuchen, Pudding, Jogurt, Marmelade, Obstkonserven, Müsli, Senf, Ketschup, Fruchtmilch, Limonade, Cola ... Die meisten Süßigkeiten enthalten Weißzucker: Schokolade, Eis, Bonbons ... Weißzucker ist ein Genussmittel, das uns süchtig machen kann. Wer Süßes isst, möchte sehr oft immer noch mehr davon haben. Auch wenn er uns schmeckt – Zucker kann auch andere Krankheiten auslösen, zum Beispiel Karies.

5 Schreibt Produkte auf, die Zucker enthalten und wie viel. Tauscht Ideen aus, wie ihr euren Zuckerverbrauch einschränken könnt.

Landwirtschaftliche Nutzflächen am Beispiel kennen lernen: Zucker als Produkt der Region

AH S. 35

S. 16

Kreuz und quer durch unser Land

Von der Wiege Deutschlands bis zum Nationalpark Harz

Im Schloss Quedlinburg befindet sich heute ein Museum.

Eines der ältesten Fachwerkhäuser Deutschlands, heute Museum

Die enge Schulhofgasse in Quedlinburg

Im nördlichen Harzvorland liegt eine der ältesten deutschen Städte: Quedlinburg. Im Mittelalter war die „Quitilingaburg" der Königshof, von dem aus Heinrich I., der erste deutsche König, sein Reich regierte. Hier war die Wiege Deutschlands.
In der Stadt stehen noch etwa 1200 Fachwerkhäuser aus sechs Jahrhunderten. Ihr Holz und ihre Steine erzählen ihre Geschichte. Quedlinburg gehört seit 1994 zum Welterbe der Kultur- und Kunstschätze.

1 Informiere dich im Internet über Freizeitangebote im Harzvorland. Stelle sie in der Klasse vor.

Naturfreunde zieht es nach Thale zum Wandern in das Bodetal. Wer nicht wandern will, der kann mit der Kabinenseilbahn von Thale zum Hexentanzplatz schweben. Oder man nutzt den Sessellift zur Rosstrappe und genießt dabei den Blick auf Thale und das Harzvorland. Die Kinder lieben die kurvenreiche 1000 m lange Allwetterrodelbahn „Harzbob" auf dem Hexentanzplatz.

Auch Wernigerode mit dem hoch über der Stadt thronenden Schloss, seinem kleinsten Fachwerkhaus und dem mittelalterlichen Rathaus macht eine Reise ins Harzvorland zu einem Erlebnis für Besucher.

Kleines Haus in Wernigerode

Räume Sachsen-Anhalts durch Lesen der Karte (Umschlagseite) beschreiben; verantwortlich mit der Natur umgehen und das eigene Handeln begründen

AH S.25–31, 34

Kreuz und quer durch unser Land

1. Sperlingskauz
2. Eisvogel
3. Rundblättriger Sonnentau
4. Wildkatze
5. Türkenbund-Lilie

Nationalpark
Ein Nationalpark ist ein großflächiges Gebiet mit besonders wertvoller Naturlandschaft. Hier soll die Natur bewahrt und wenig von Menschen beeinflusst werden. Pflanzen dürfen nicht zerstört und Tiere nicht beunruhigt werden.

Der Harz ist das nördlichste Mittelgebirge Deutschlands. Sein Name bedeutet „hart", was ursprünglich Bergwald hieß. Der Nationalpark Harz mit 247 km² ist ein länderübergreifendes Naturschutzgebiet in Sachsen-Anhalt und in Niedersachsen.

In der natürlichen Wildnis mit ihren Mooren, Bächen, Wäldern und Klippen fühlt sich der Luchs wohl. 24 Luchse – 9 Männchen und 15 Weibchen – wurden in den Jahren 2000 bis 2006 im Nationalpark Harz ausgewildert. Da alle 24 Tiere in verschiedenen europäischen Tierparks geboren wurden, mussten sie erst zwei bis drei Monate in einem großen Eingewöhnungsgehege auf das eigenständige Leben in der Natur vorbereitet werden. Dabei durften die Tiere kaum Kontakt zu Menschen haben, denn sie sollten menschenscheu werden. Und bereits seit dem Sommer 2002 gibt es wieder Luchs-Nachwuchs in der freien Natur. Einige Jungtiere sind sogar schon aus dem Harz abgewandert und haben in Sachsen und Hessen ein neues Revier und auch eine Partnerin oder einen Partner gefunden. Das Experiment ist also geglückt, der frei lebende Luchs ist in Deutschland nicht mehr vom Aussterben bedroht.

Im Nationalpark Harz dürfen nur gekennzeichnete Wanderwege benutzt werden. Einer davon heißt Goetheweg und ein anderer Heinrich-Heine-Weg. Beide Dichter haben den Harz durchwandert.

2 Plant eine Exkursion in ein Schutzgebiet in eurer Nähe. Beachtet Verhaltensregeln.

Kreuz und quer durch unser Land

Radwandern auf dem Himmelsscheibenradweg

An den vielen Radwegen in Sachsen-Anhalt könnt ihr interessante Sehenswürdigkeiten bestaunen. Ein Beispiel dafür sind Besichtigungsorte am Himmelsscheibenradweg.

1 In welchem Landesteil liegt der Himmelsscheibenradweg?

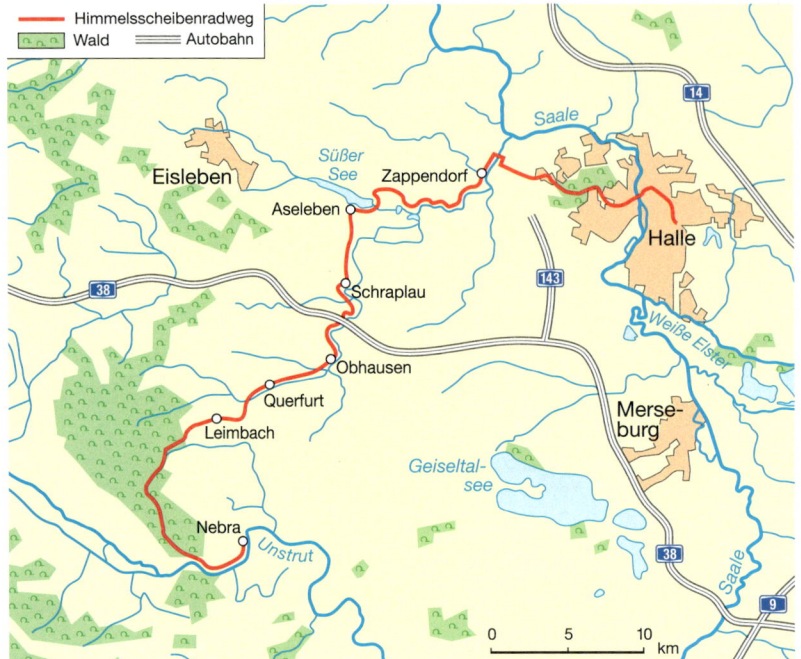

Arche Nebra

Fundort der Himmelsscheibe

 Himmelsscheibenradweg: 75 km lang, Fahrstrecke leicht hügelig

Himmelsscheibenradweg, Saale-Radweg und Unstrut-Radweg bilden einen Rundkurs – der Himmelsscheibe von Nebra nachempfunden.

Der Aussichtsturm in der Nähe des Fundortes lädt zur Himmelsbeobachtung ein.

Am Stadtrand von Querfurt erhebt sich eine imposante alte Festungsanlage.

Radler können die landschaftliche und kulturelle Vielfalt der Region genießen.

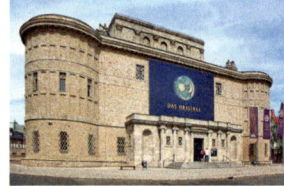

Im Landesmuseum für Vorgeschichte in Halle ist die Himmelsscheibe zu bewundern.

2 Stellt in einem Flyer einen Radweg in der Nähe eures Ortes vor.

 Plane eine Radtour mit deiner Familie. Nutze Karten und das Internet. Beachte: Himmelsrichtungen, Entfernungen, Zeitplan, Stopps, Sehenswürdigkeiten …

Eine thematische Karte lesen; Verkehrswege sowie Freizeit- und Erholungsstätten des Landes kennen lernen

AH S.34

Kreuz und quer durch unser Land

Radausflug oder Autotour?

Dieses Plakat zeigt einen Cluster. Das Plakat regt zum Nachdenken über das Radfahren und Autofahren an.

1 Beschreibt das Plakat. Wie würdet ihr den Cluster ergänzen?

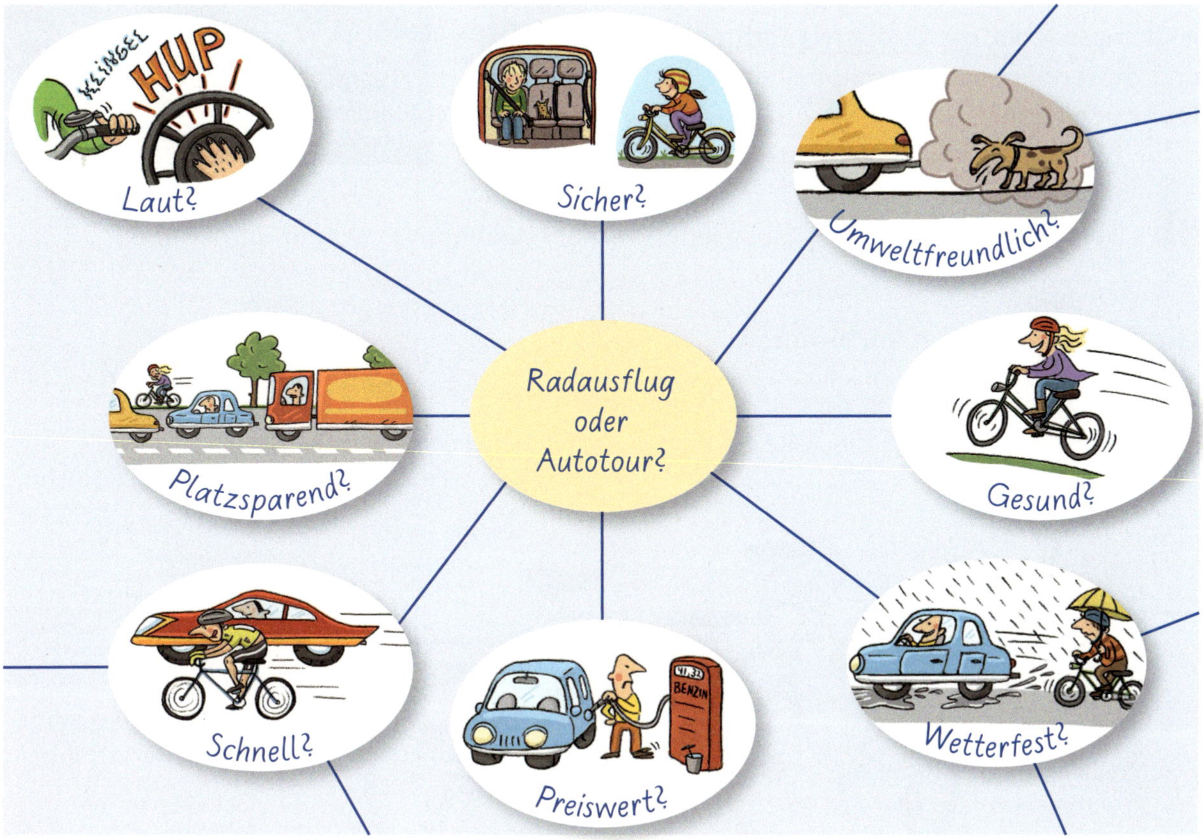

2 Fertigt zwei Tabellen zu den Vor- und Nachteilen dieser Verkehrsmittel an. Nutzt das Plakat. Findet selbst noch Beispiele.

Auto fahren

Vorteile des Autofahrens	Nachteile des Autofahrens
• Autoheizung wärmt in kalter Jahreszeit	• Parkplatzsuche
•	•

Fahrrad fahren

Vorteile des Radfahrens	Nachteile des Radfahrens
• Bewegung an frischer Luft	• begrenzter Stauraum
•	•

Das Fahrrad als umweltschonendes Verkehrsmittel vorstellen;
Vorteile und Gefahren von Rad und Auto benennen

S. 14, S. 15

Kreuz und quer durch unser Land

Geprüft und sicher – Rad und Radfahrer

Regeln für Radfahrer:
Bis zu 8 Jahren musst du auf dem Gehweg fahren.
Bis zu 10 Jahren darfst du noch den Gehweg benutzen.
Ab 11 Jahre fährst du als Radfahrer gleichberechtigt im Straßenverkehr, neben Bussen, LKWs oder PKWs.
Hier muss jeder die Straßenverkehrsordnung kennen und anwenden, damit es zu keinem Unfall kommt.
Dennoch: Fahre vor allem auf Radwegen, Fahrrad- oder Nebenstraßen. Bleibe stets aufmerksam!

1 Betrachte das Bild. Was muss jeder Verkehrsteilnehmer wissen und können?

Die Radfahrprüfung vorbereiten

A Mit diesen Teilen ist dein Fahrrad verkehrssicher.
- Finde und zeige die Teile an einem originalen Fahrrad.

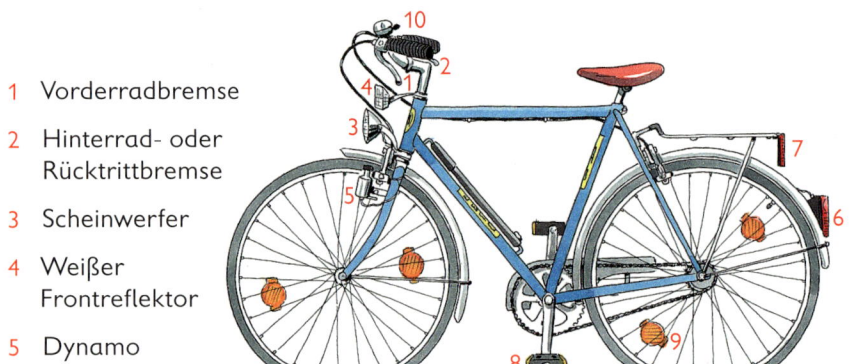

1 Vorderradbremse
2 Hinterrad- oder Rücktrittbremse
3 Scheinwerfer
4 Weißer Frontreflektor
5 Dynamo
6 Rotes Rücklicht
7 Großflächenrückstrahler
8 Fahrradpedale mit gelben Rückstrahlern
9 Gelbe Speichenreflektoren
10 Helltönende Glocke

B • Betrachte die Bilder. Notiere: Was müssen die Beteiligten ändern, um sicher am Straßenverkehr teilnehmen zu können?

Kreuz und quer durch unser Land

C So steige ich am Fahrbahnrand auf mein Fahrrad.

| Das Rad bereitstellen, beide Pedale waagerecht stellen | Von der Gehwegseite aufsteigen, über die linke Schulter umsehen | Deutliches Handzeichen links geben: Ich will losfahren. | Reicht die Verkehrslücke aus, mit beiden Händen am Lenker anfahren |

- Decke die Texte ab. Beschreibe aus dem Gedächtnis, wie du auf das Fahrrad aufsteigst und anfährst.
- Übe die Reihenfolge an einem sicheren Ort: im Verkehrsgarten, auf dem Schulhof, in einer ruhigen Nebenstraße.

D
- Beim Vorbeifahren verlässt du deine Fahrspur, weil eine Baustelle oder ein haltendes Fahrzeug den Weg versperrt. Jetzt musst du dich richtig verhalten. Was ist bei a, b, c, d, e zu tun?

Auf den Gegenverkehr achten

Umschauen

Handzeichen nach links

Am Hindernis vorbeifahren

Handzeichen nach rechts, einordnen

E
- Betrachte die Bilder. Beschreibe die Gefahren für die Beteiligten.
- Notiere zu jedem Bild: Wie muss jeder Verkehrsteilnehmer vorausschauend handeln?

Verkehrsregeln sicher anwenden: angepasste Fahrweise, Überholen, Gefahrensituationen erkennen

Kreuz und quer durch unser Land

 Alle Verkehrszeichen, die die Vorfahrt regeln, gelten auch für Radfahrer, die auf dem Radweg oder auf der Straße unterwegs sind.
• Präge dir die Verkehrszeichen und ihre Bedeutung ein.

Diese Zeichen gewähren die Vorfahrt:

Vorfahrtstraße	*abknickende Vorfahrt*	*Vorfahrt*	*grüne Ampel*

Bei diesem Zeichen hat du Vorfahrt. Dennoch solltest du auf andere Verkehrsteilnehmer achten. Erzwinge die Vorfahrt nicht!	Der dicke Strich zeigt den Verlauf der Vorfahrtstraße an. Hier hast du Vorfahrt, wenn du der Straße nach links folgst.	Bei diesem Zeichen hast du an der nächsten Kreuzung oder Einmündung Vorfahrt. Achte auf andere Verkehrsteilnehmer!	Hier kannst du weiterfahren. Dennoch solltest du auf andere Verkehrsteilnehmer achten.

Bei diesen Zeichen müssen Verkehrsteilnehmer warten:

Vorfahrt gewähren.	*Halt. Vorfahrt gewähren.*	*rote Ampel*

Alle Verkehrsteilnehmer von links und rechts haben Vorfahrt.	Hier muss jeder Verkehrsteilnehmer anhalten. Der Verkehr von rechts und links hat Vorfahrt. Als Radfahrer musst du einen Fuß auf den Boden stellen.	Hier musst du an der Haltelinie anhalten und warten, bis die Ampel auf „grün" schaltet.

Beachte:
Fahrzeuge mit eingeschaltetem Blaulicht und Martinshorn heben alle Vorschriften auf. Sie haben immer Vorfahrt!

Kreuz und quer durch unser Land

G • Wende Vorfahrtregeln an. Besprich sie mit deinem Partner.

Vorfahrt an Kreuzungen und Einmündungen
An Kreuzungen und Einmündungen
ohne Verkehrszeichen hat die Vorfahrt,
wer von rechts kommt. Dabei ist es egal,
ob die Fahrrichtung geändert wird
oder nicht.

• Was erscheint dir an dieser Situation
gefährlich?
Wie müsstest du dich als Fahrradfahrer
verhalten?

• Wer hat hier die Vorfahrt?
Schneide dir aus Rechenpapier 3 Kästchen aus.
Beschrifte sie mit: 1 2 3. Ordne die Kästchen in jedem Bild zu.

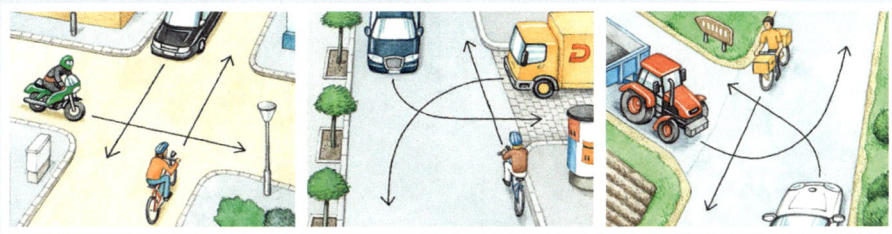

**Vorfahrt an Feld- und Waldwegen
oder an Grundstücksausfahrten**
An vielen Kreuzungen und Einmündungen wird
die Regel „rechts vor links" auch durch andere
Vorfahrtregeln ersetzt. Wollen Verkehrsteilnehmer
aus einem Feld-, Wald- oder Wiesenweg oder aus
einer Grundstücksausfahrt auf eine Straße fahren,
müssen sie besonders vorsichtig sein. „Rechts vor
links" gilt hier nicht!

• Wer hat hier die Vorfahrt?
Ordne den Bildern wieder
deine Kästchen
aus Rechenpapier zu.

Kreuz und quer durch unser Land

G Ist eine Ampel in Betrieb, so regelt sie die Vorfahrt.
• Erkläre die Vorfahrt an Ampeln.

Vorfahrt an Ampeln

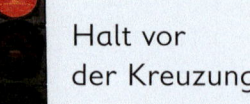
Halt vor der Kreuzung

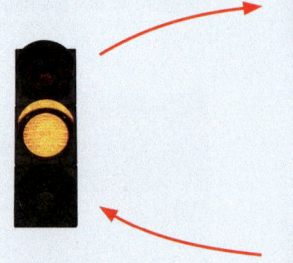
Vor der Kreuzung auf das nächste Zeichen warten

Achtung, gleich wird die Erlaubnis zur Fahrt gegeben.

Der Verkehr ist freigegeben. Beachte Schienenfahrzeuge.

Der Verkehr ist für Linksabbieger in Richtung des Pfeiles freigegeben.

Hier darfst du bei Rot nach rechts abbiegen, wenn von links kein Fahrzeug kommt. Halte an der Haltelinie an. Achte auf Fußgänger und Fahrzeuge.

Regeln Polizisten den Verkehr, ist die Ampelregelung aufgehoben. Auch Verkehrszeichen verlieren ihre Gültigkeit.
• Erkläre die Regelung durch die Polizei.

Vorfahrt-Regelung durch die Polizei

Halt vor der Kreuzung. Der Querverkehr ist freigegeben.

Vor der Kreuzung: Auf das nächste Zeichen warten. Auf der Kreuzung: Kreuzung räumen.

Der Verkehr ist freigegeben.

Zeigt der Polizist dir Brust oder Rücken, musst du auf die Bremse drücken!

• Du fährst mit dem Rad an die Kreuzung und siehst einen Verkehrspolizisten so vor dir. Wie verhältst du dich?

Kreuz und quer durch unser Land

H Das Linksabbiegen für Radfahrer ist schwierig. Bist du unsicher oder ist die Vorfahrtsituation unklar, entscheide dich für diesen sicheren Weg.

1. Heranfahren
2. Schulterblick (Ist die Straße frei?)
3. Absteigen
4. Rad über die Straße schieben
5. Anfahren vom Fahrbahnrand

So biegen Profis ab:

1. Schulterblick über die linke Schulter (Ist die Straße frei?)
2. Handzeichen nach links geben
3. In die linke Fahrspur einordnen
4. Vorfahrt beachten
5. Auf den Gegenverkehr achten (Fahrzeuge vorbeilassen)
6. Nochmals umsehen
7. Abbiegen
8. Auf Fußgänger achten

- Betrachte die beiden Zeichnungen. Stelle die Szenen nach. Präge dir so die beiden Reihenfolgen für das Linksabbiegen ein.
- Achtung: Entscheide vor jeder Kreuzung aufs Neue, wie du nach links abbiegen willst.

I • Merke dir diese Verkehrszeichen und Regeln:

Fußgänger und Radfahrer nehmen Rücksicht. Sei als Radfahrer stets bremsbereit.

Fahrzeuge innerhalb des Kreisverkehrs haben Vorfahrt. Achte auf sie beim Einfahren.

Warte am Ende des Radweges, bis die Fahrbahn frei ist. Fahre dann zügig weiter.

Freundeseite *Kreuz und quer durch unser Land*

Das Land Sachsen-Anhalt in Deutschland

1 Arbeite mit der Karte. Schreibe zu deinem Bundesland auf: Lage, Grenzen … Finde die fehlenden Namen der Bundesländer und Landeshauptstädte heraus.

Seltsames und Interessantes

Was hat der Regenwald mit Papier zu tun?
Wie finde ich interessante Fragen?
Wie kann ich Forscherfragen lösen?

Seltsames und Interessantes

Fragen und forschen

Seltsames und Interessantes entdeckst du überall in deiner Umgebung.
Du musst nur neugierig sein und fragen: Wie? Was?
Wo? Wer? Wann? Woraus? Wieso? Weshalb? Warum? …
Weißt du nicht sofort eine Antwort, kannst du danach
forschen: in Lexika, im Internet, mit Hilfe von Versuchen …

Wie entsteht Papier?
Antwort aus einem Lexikon: Der wichtigste Rohstoff ist Holz, das durch Zerfasern zu Holzschliff oder auf chemischem Weg zu einem Faserbrei, dem Zellstoff, verarbeitet wird.
Mit Zusatzstoffen vermischt, werden die pflanzlichen Fasern auf der Papiermaschine verfilzt und die entstehenden Papierbahnen über Walzen getrocknet, geglättet und aufgerollt.
Um 1000 kg Papier herzustellen, müssen mindestens 3 große Bäume gefällt werden. Für die Papierherstellung wird außerdem sehr viel Strom und Wasser verbraucht. In Deutschland verbraucht jede Person etwa 256 kg Papier im Jahr.

Was ist Recyclingpapier?
Antwort aus dem Internet:
Recyclingpapier besteht überwiegend aus Altpapier. Altpapier ist Papierabfall, der in Betrieben und Haushalten gesammelt wird.
Ein Beispiel: Jeder Haushalt bekommt im Jahr durchschnittlich 33 kg Papier-Werbematerial. Bringen alle Haushalte das Werbematerial in den Papiercontainer und wird das Papier wieder verwertet, dann muss weniger Holz gefällt werden. Der Blaue Engel kennzeichnet Produkte, die besonders umweltfreundlich sind, auch Recyclingpapier.

Wie viel sind eigentlich 1000 kg Papier?
Antwort aus einem Versuch:
Messt mit einer Personenwaage das Körpergewicht der Kinder in eurer Klasse. Schreibt die Ergebnisse untereinander in eine Tabelle. Addiert wie im Beispiel:

Name	Gewicht	Summe
Paul	31 kg	31 kg
Nele	32 kg	63 kg

1000 kg Papier wiegen so viel wie **?** Kinder in unserer Klasse.

Seltsames
- Kannst du eine Geheimschrift sichtbar machen, die mit Milch auf Papier geschrieben wurde?
- Sind Papierboote Tintenfische?

Kann ich Papier auch selbst herstellen?
Antwort aus einem Sachbuch oder aus dem Internet:
Die Buchhändlerin hat uns einige Bücher zum Herstellen von Papier empfohlen. Im Internet stehen auch viele genaue Beschreibungen. Wir stellen Material zusammen, das wir zur Papierherstellung brauchen, und schöpfen selbst Papier.

Woher kommt das „Holz" für meine Schulhefte?
Nachfrage bei einem Hersteller:
Holz oder Zellstoff, die in Deutschland zu Papier verarbeitet werden, sind nur zu einem kleinen Teil aus Deutschland, der größte Teil kommt aus 130 Ländern zu uns. Für Papier werden zum Beispiel in Kanada, Finnland, Schweden und Russland unzählige Bäume gefällt. Papier zu sparen schont Wälder, Wasser, Luft und Boden. Achtet deshalb beim Kauf von Heften genau auf die Angabe: 100 % Altpapier.

Auf welchem Papier ist unser Schulbuch gedruckt?
Antwort auf der Seite 2 deines Schulbuches

Woraus wird das Toilettenpapier für unsere Schule hergestellt?
Antwort durch Befragen des Chefs einer Reinigungsfirma:
Als Großabnehmer entscheiden wir uns für Recyclingpapier, denn wir brauchen für die Schulen ja viel Toilettenpapier. Es ist zwar nicht so weich und schön anzusehen, erfüllt aber seinen Zweck und schont die Umwelt.

1 Schreibt weitere Fragen zum Thema „Papier" auf. Sucht nach Antworten.

★ Was findest du „seltsam und interessant"? Bearbeite dein Thema.

Freundeseite · *Seltsames und Interessantes*

Neugier steckt an

Sind euch zur Aufgabe 1 auf der Seite 95 Fragen eingefallen? Ihr braucht nur genau hinzuschauen oder ein wenig nachzudenken. In eurem Alltag verstecken sich so viele Fragen. Zwar sind nicht alle leicht zu beantworten, aber als Frager und Forscher entdeckt ihr jeden Tag Spannendes.

Warum ist der große Karton nur halb voll?

Warum stopft mein Vater die nassen Schuhe mit Papier aus?

Max kann nicht sehen. Wie findet er das richtige Papier?

Wieso kann Marie auf Papier malen?

Was findet Lea an den Bildern interessant?

Was liest Mutti aus dem Diagramm ab?

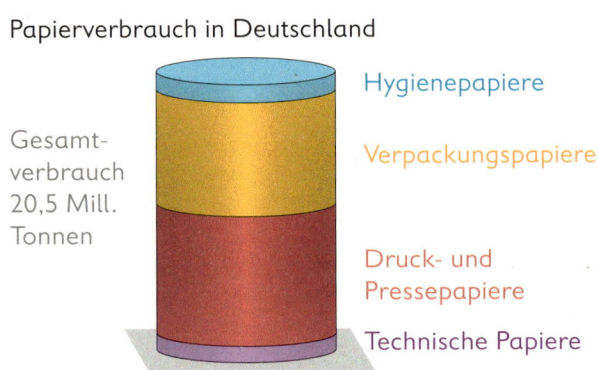

Papierverbrauch in Deutschland

Gesamtverbrauch 20,5 Mill. Tonnen

- Hygienepapiere
- Verpackungspapiere
- Druck- und Pressepapiere
- Technische Papiere

1 Besprecht die Fragen in Gruppen. Diskutiert eure Antworten in der Klasse.

Fragen entwickeln; Sachverhalte, Zusammenhänge und Probleme aus Bildern, Sachtexten, Tabellen und Diagrammen unter Nutzung von Termini beschreiben

Frühling am Gewässer

Welche winzigen Lebewesen kommen in Gewässern vor?
Wie ist die Seerose an das Leben im Wasser angepasst?
Warum müssen wir Gewässer schützen?

Frühling am Gewässer

Am Wasser entdeckt ...

A	Wasserspinne	H	Wasser-Schwertlilie
B	Rohrsänger	I	Pfeilkraut
C	Wasserläufer	J	Rohrkolben
D	Gelbrandkäfer	K	Schilfrohr
E	Teichmolch	L	Wasser-Knöterich
F	Teichmuschel	M	Wasserpest
G	Dreistachliger Stichling	N	Laichkraut

Uferzone — **Röhrichtzone**

1 Weiden brauchen zum Leben viel Wasser. Ihre Wurzeln wachsen schnell und sind dicht verzweigt. So finden die Bäume Halt im Boden und befestigen zugleich das Ufer.
Weiden blühen im April/Mai.

2 Die leuchtend gelben Blüten der Sumpf-Dotterblume zeigen sich von April bis Juni.
Sie bilden Samen, die auf dem Wasser schwimmen und sich so verbreiten.

3 Im flachen Wasser der Röhrichtzone wachsen Wasserpflanzen, wie Rohrkolben und Schilf. Schilf ist mit dicken Wurzelstöcken standfest im Boden verankert, breitet sich aus und treibt bis zu 4 m hohe Stängel empor. Im Röhricht nisten viele Wasservögel, unter Wasser laichen Fische und Frösche. Röhricht hält das Wasser rein und verhindert das Ausspülen des Ufers.

4 Der Haubentaucher taucht meist bis zu 45 Sekunden etwa 2 – 4 m tief nach Fischen und Wasserinsekten. Im Schutz des Röhrichts baut er aus Wasserpflanzen ein schwimmendes Nest. Er brütet 3 – 4 Eier aus.

Gewässer als heimischen Lebensraum wahrnehmen und beschreiben;
Lebewesen im und am Gewässer kennen

AH S.39

... im Wasser versteckt

Frühling am Gewässer

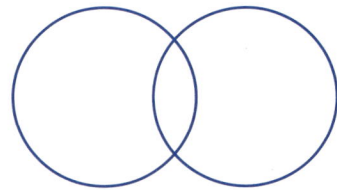

Zusammenhänge finden

- Zeichne zwei ineinander verschlungene Kreise.

- Schreibe in Kreis 1 den Namen einer Pflanze oder eines Tieres aus der Abbildung.
- Überlege: Warum lebt diese Pflanze oder dieses Tier am oder im Wasser?
- Notiere dazu im Kreis 2 Stichpunkte.

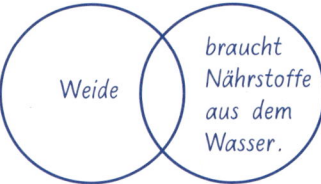

Schwimmblattzone   Tauchblattzone

5 Die **Rotfeder**, ein Friedfisch, ernährt sich von Wasserpflanzen, vor allem von Algen.
6 Der **Hecht** ist ein Raubfisch. Zwischen den Pflanzen im Uferbereich lauert er auf Beute: Fische, Frösche, Küken von Schwimmvögeln, Wasserratten.
7 Das **Tausendblatt** bildet auf dem schlammigen Seeboden „Wasserwiesen".
Dort finden Fische Unterschlupf und Futter.
8 Die **Tellerschnecke** ernährt sich von zarten Algen und abgestorbenen Pflanzenteilen. So sorgt sie mit für klares Wasser im See.
9 Der **Hüpferling** ist winzig klein und nur unter dem Mikroskop so deutlich zu erkennen. Er lebt räuberisch, frisst Mückenlarven und andere kleine Tierchen.

1 Beobachte Pflanzen und Tiere an und auf einem Gewässer. Fotografiere, skizziere, bestimme und beschreibe, was du entdeckst.

Frühling am Gewässer

Gute Schwimmer: Wasserfrosch und Seerose

Der Wasserfrosch ist perfekt an das Leben im Wasser angepasst. Er hat einen rundlichen, gedrungenen Körper, kurze Vorderbeine und lange Hinterbeine. Mit den kräftigen Hinterbeinen und Schwimmhäuten zwischen den Zehen kann er sich flink im Wasser bewegen. Das Tier kann lange unter Wasser bleiben, denn es atmet nicht nur mit der Lunge. Über feine Blutgefäße in der schleimig-feuchten Haut dringt Sauerstoff direkt ins Blut. Von April bis Juni ist Paarungszeit. Zur Eiablage brauchen die Weibchen das Wasser. Hier legen sie bis zu 4000 Eier als Laichballen ab. Aus den Eiern schlüpfen Kaulquappen, die im Wasser leben und durch Kiemen atmen. Je nach Witterung entwickeln sie sich in zwei bis drei Monaten zu Jungfröschen mit Beinen und Lungenatmung. Wasserfrösche überwintern in Erdhöhlen oder im Schlamm der Gewässer. An warmen Frühlingstagen erwachen sie aus der Winterstarre.

1 Notiere, wie der Wasserfrosch an das Leben im Wasser angepasst ist.

Kaulquappen fressen meist Pflanzen.

Frösche fangen mit ihrer zipfligen Zunge Fliegen, Mücken, Libellen und anderes Kleingetier.

1 Froschlaich 2 Kaulquappe 3 Kaulquappe mit Schwanz und Hinterbeinen
4 Kaulquappe mit Vorderbeinen 5 Jungfrosch 6 Ausgewachsener Frosch

2 Beschreibe die Entwicklung eines Wasserfrosches.

Abhängigkeit und Angepasstheit von Tieren in verschiedenen Lebensräumen erkennen, Entwicklungs- und Lebensbedingungen eines Lurches beschreiben

Frühling am Gewässer

Die großen Blüten der Weißen Seerose erscheinen Ende Mai. Sie öffnen sich bei Sonnenschein und schließen sich nachts und bei trübem Wetter. So ist der Blütenstaub vor Kälte und Tau geschützt. Seerosen bilden kugelige Früchte, die im Wasser heranreifen und dann platzen. Die schwimmenden Samen werden vom Wasser fortgetragen und keimen nach 1–2 Jahren. Der Lebensraum der Seerosen sind stehende oder träge fließende Gewässer: ruhige Seebuchten, Teiche, langsam fließende Nebenflüsse. Sie besiedeln gern humushaltigen, schlammigen Boden in einer Wassertiefe bis zu 1,5 Meter. Die Wildpflanze steht in Deutschland unter Naturschutz. Sie ist sehr gut an das Leben im Wasser angepasst.

3 Fasse zusammen: Wie ist die Seerose an das Leben im Wasser angepasst?

Frucht der Seerose

← 10–15 cm →

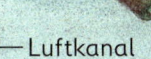 Luftkanal

Die Stängel bewegen sich wie lange Seile mit den Wellen und passen sich dem Wasserstand an. Im Innern befinden sich Luftkanäle.

Die Seerose hat Schwimmblätter. Diese schwimmen, weil sie innen Luftkammern haben.
Außen sind sie mit Wachs überzogen. So kann das Wasser gut abperlen. Sie sind fest wie Leder: Ein Frosch kann darauf sitzen.

Mit vielen Wurzeln ist der armdicke Wurzelstock am Grund des Gewässers verankert.

   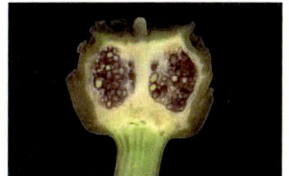

Abhängigkeit und Angepasstheit von Pflanzen in verschiedenen Lebensräumen erkennen, Entwicklungs- und Lebensbedingungen einer Seerose beschreiben

Frühling am Gewässer

Gewässer schützen

Der See ist mehr als das große und freie Wasser.
Zu einem See gehört eine ganze Uferlandschaft.
Viele Pflanzen und Tiere leben hier zusammen.
Die Uferböschung gibt Bäumen guten Halt,
die feuchten Boden lieben, z. B. Weiden und Erlen.
Im Schlamm bilden die Wurzelstöcke von Schilf und
Rohrkolben dichte Wurzelgeflechte. Für Insekten, Frösche
und Fische sind diese Pflanzen ein Ort, der Schutz gibt
und an dem sie Nahrung finden.
Im Schilf brüten Wasservögel, wie Schwäne und Haubentaucher. Auch Libellen legen hier ihre Eier ins Wasser ab.
Wasserflöhe hingegen, die für viele Fische Nahrung sind,
tragen ihre Eier in ihren schützenden Brutkammern
im „Bauch" mit sich herum.
Auch für Menschen sind diese Gewässer wichtig, denn sie
bieten ihnen z. B. Trinkwasser, Freizeitmöglichkeiten und
auch Fische als Nahrung.

1 Informiert euch, wie die Tiere und Pflanzen im und am Wasser leben.

**Gewässer sind Lebensräume für Pflanzen und Tiere.
Gewässer sind für Menschen, Pflanzen und Tiere lebenswichtig.**

Frühling am Gewässer

Wie kommt es in Gewässern zu solchem Fischsterben?

Durch schädliche Stoffe kann der See gefährdet werden.

Vor 200 Jahren, es gab erst wenige Fabriken, hatten die meisten Seen klares Wasser. Doch seither flossen aus immer mehr Fabriken und Haushalten Abwässer in Seen und Flüsse. Dazu schwemmte der Regen von den Feldern Dünger und Gülle in die Gewässer. Abwässer, Dünger und Gülle sind Nahrung für Pflanzen im See. Sie vermehren sich dann rascher. Abgestorbene Pflanzen sinken zum Grund des Sees und bilden einen faulenden Schlamm. Kleinstlebewesen bauen die toten Pflanzen ab. Je mehr Pflanzen sie abbauen, umso mehr Sauerstoff entziehen sie dem Wasser. Pflanzen und Fische, die ebenfalls Sauerstoff brauchen, können dadurch sterben. Heute werden Gewässer ständig überwacht. Kläranlagen und weniger umweltschädliche Produktionsverfahren helfen, Seen und Flüsse sauberer zu halten. Dennoch werden auch heute noch Gewässer absichtlich verunreinigt, durch Industrie, Landwirtschaft und durch rücksichtsloses Handeln einiger Menschen.

2 Welches verunreinigte Gewässer kennt ihr? Erzählt davon.

3 Was könnt ihr selbst zum Schutz dieses Gewässers tun? Gestaltet ein Poster.

Folgen von Wasserverschmutzung für Menschen, Tiere und Pflanzen benennen, z.B. Erkrankung/Vernichtung von Lebewesen; verantwortlich mit der Natur umgehen   AH S.42

Freundeseite

Frühling am Gewässer

Pflanzen und Tiere fotografieren

Willst du auf einer Exkursion Pflanzen und Tiere fotografieren, brauchst du viel Zeit. Die Pflanzen laufen dir zwar nicht weg. Schau dennoch aufmerksam: Fotografiere ich die ganze Pflanze oder nur Teile? Steht die Pflanze im Licht?
Sind alle Teile meines Motivs gut im Bild?

Sumpf-Dotterblume am Teichrand; 3.5. ...

Blüte der Sumpf-Dotterblume; 3.5. ...

Pflanzenmotive finden

- eine Pflanze
  – bei Wind,
    bei Regen,
    im Sonnenschein
  – morgens, abends
  – im Frühling,
    im Sommer ...
  – einzeln oder in einer Pflanzengemeinschaft
  – von oben, von der Seite, in Augenhöhe ...

Tiere sind schwieriger zu fotografieren. Sie laufen, krabbeln, fliegen, verstecken sich. Störe sie nicht. Sei leise, harre aus. Geduld lohnt sich. Klick: Was haben deine Augen und die Kamera aufgenommen?

Moorjungfer, Libellenmännchen; 11.5. ...

Sumpf-Heidelibelle mit geöffneten Flügeln; 1.6. ...

Tiermotive finden

- ein Tier
  – beim Fressen,
    beim Schlafen
  – mit anderen Tieren zusammen
  – im Sommer, Winter ...
  – in lustigen Situationen
  – in seiner Entwicklung: die ganz kleinen Enten, die schon größeren Enten ...

Sind deine Bilder fertig, solltest du sie beschriften.

Unsere Welt – früher und heute

Lebten die Menschen in der Stadt früher anders als heute?
Wer hat das Fahrrad erfunden?
Was kann ich an einem Zeitstrahl ablesen?

Unsere Welt – früher und heute

Leben in der Stadt vor 100 Jahren

Maries Opa Paul erzählt: Die Familie meiner Großeltern Heinrich und Minna lebte in einem <u>Mietshaus</u> mit Vorderhaus, Hinterhaus und Seitenflügel. Heinrich arbeitete tagsüber in einer Fabrik, Minna führte den Haushalt. In der kleinen Wohnung im 4. Stock spielte sich das Familienleben in der Wohnküche ab. Minna kochte auf einem Kohleherd, oft gab es Suppe. Die Kinder Herbert, Lisbeth und Käthe besuchten die <u>Volksschule</u>. Ab und zu spielten sie im Innenhof, aber sie mussten sehr leise sein. Sonntags fuhr die Familie manchmal mit dem <u>Pferde-Omnibus</u> ins Grüne. Neue Straßen wurden jetzt breiter gebaut und abends mit <u>Gaslaternen</u> beleuchtet. Man sah Kutschen, aber auch immer mehr Autos und Omnibusse, in großen Städten auch Straßenbahnen. In Häusern reicher Bürger gab es oft schon fließendes Wasser, elektrisches Licht und sogar erste Fahrstühle.

Quellen erforschen

- Suche alte Sachen: Fotos, Kleidung, Werkzeug, Schmuck …
- Befrage deine Familie:
  – Wem gehörten die Sachen? Gibt es eine Geschichte dazu?
- Vergleiche alte und neue Sachen: Bügeleisen …
- Notiere deine Ergebnisse.

Marie sammelt Fotos zum Leben ihrer Familie:

Bürgerhäuser

Hier sah Uroma Lisbeth schon Märchenfilme.

Die Wohnküche

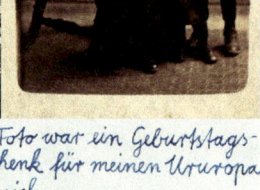

Das Foto war ein Geburtstagsgeschenk für meinen Ururopa Heinrich. Auf dem Foto sieht man meine Ururoma Minna mit ihren Kindern Käthe, Herbert und Lisbeth. Das Baby ist meine Uroma Lisbeth, die Mama von Opa Paul. Alle haben ihre Sonntagskleider an.

1 Erzähle von Maries Familie. Nutze dafür die Zeitleiste.

2 Finde heraus, wie deine Urgroßeltern als Kinder lebten: ihre Namen, ihre Geschwister, ihr Essen, ihre Spiele …

Unsere Welt – *früher und heute*

Leben in der Stadt heute

Marie erzählt: Meine Familie wohnt in einem Hochhaus, im 4. Stock. Die Wohnung hat drei Räume, einen Balkon, Bad und Küche. Das Haus hat einen Fahrstuhl, aber Papa und ich laufen gern um die Wette nach oben. In meinem Zimmer kann ich spielen, lernen und schlafen. Ich habe viele Bücher und lese gern. Später will ich Lehrerin werden. Mein Lieblingsbuch ist von meiner Uroma Lisbeth. Es war ihr einziges. Mein Papa arbeitet zu Hause am Computer. Weil Mutti oft spät von der Arbeit kommt, macht er uns Abendbrot. Wir essen am liebsten Gemüsesalat. Manchmal brate ich auch Rührei mit Lauch, davon schwärmt Mama.
Für unsere Stadt wird jetzt eine neue Umgehungsstraße gebaut, weil der Straßenverkehr so zugenommen hat. Aber das Freibad wurde geschlossen. Die Stadt hat kein Geld dafür. Dabei schwimme ich so gern. Mein Freund heißt Tom. Wir gehen oft zusammen auf den Spielplatz, da sind so tolle Spielgeräte. Aber manche machen aus dem Spielplatz einen Müllplatz. Darüber ärgern wir uns.
Meine Freundin Luise und ich sind Mode-Fans. Ich ziehe gern enge Hosen an und Luise trägt am liebsten kurze Röcke. Mama sagt, kurze Röcke hätte meine Ururoma nie getragen. Aber sie selbst schon.

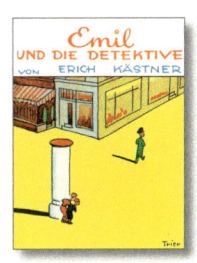

Unser Hochhaus vor 8 Jahren

Viele Kinos in unserem Kino

Hier spielen wir

1 Vergleiche das Leben in der Stadt: früher und heute.

Das Handeln der Menschen in alltäglichen Situationen heute und früher vergleichen; Ereignisabfolge des Familienlebens von früher und heute am Zeitstrahl erkunden   AH S. 43, 44

Unsere Welt – früher und heute

Kleine Geschichte des Fahrrades

1 Das erste Fahrrad war ein Laufrad. Um vorwärts zu kommen, stieß man sich mit den Füßen vom Boden ab. Das Rad wurde nach dem Erfinder Karl Drais Draisine genannt. Es bestand fast nur aus Holz und hatte weder Bremsen noch Pedale.

1817 Laufrad

2 Etwa 50 Jahre später erfand man Pedale und schraubte sie an das Vorderrad. Eine Tretkurbel drehte nun das Vorderrad. Aus dem Laufrad wurde das Tretkurbelrad.

um 1865 Tretkurbelrad

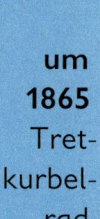

3 James Starley entwickelte ein Hochrad mit Speichen, Vollgummireifen und Bremsen. Es fuhr schneller, doch das Auf- und Absteigen war schwierig. Auch Stürze aus dieser Höhe waren sehr gefährlich.

um 1870 Hochrad

4 Nach der Erfindung des Kettenantriebs wurden zwischen Vorder- und Hinterrad Pedale angebracht. Wenn der Fahrer die Pedale trat, übertrug eine Kette den Antrieb auf das Hinterrad. Auf diesem Niederrad konnte man mit den Füßen leicht den Boden erreichen.

um 1880 Niederrad

5 Dann erfand man Luftreifen und Rücktrittbremse. Das Fahrrad trat weltweit seinen Siegeszug an.

nach 1888

Aussehen und Technik der Fahrräder werden ständig verändert. Sie dienen als Verkehrsmittel …

1 Du kannst dein eigenes Rad vorstellen.

★ Heute gibt es viele unterschiedliche Fahrradtypen. Gestaltet dazu ein Plakat.

Unsere Welt – früher und heute

Fahrradnutzung heute

In deutschen Haushalten gibt es etwa 70 Millionen Fahrräder bei 81,7 Millionen Menschen. Verkauft werden viele Fahrradtypen, wie City-Rad, Mountainbike, Rennrad, E-Bike, Liegerad. Fahrräder sind bei uns sportliche Freizeitgeräte und praktische Alltagsfahrzeuge. Sie erfreuen sich großer Beliebtheit. Das zeigt auch eine Befragung bei 1622 Personen über 14 Jahren. Sie wurde vom ADFC (Allgemeiner Deutscher Fahrrad-Club) durchgeführt:

Wofür benutzen Sie Ihr Fahrrad?

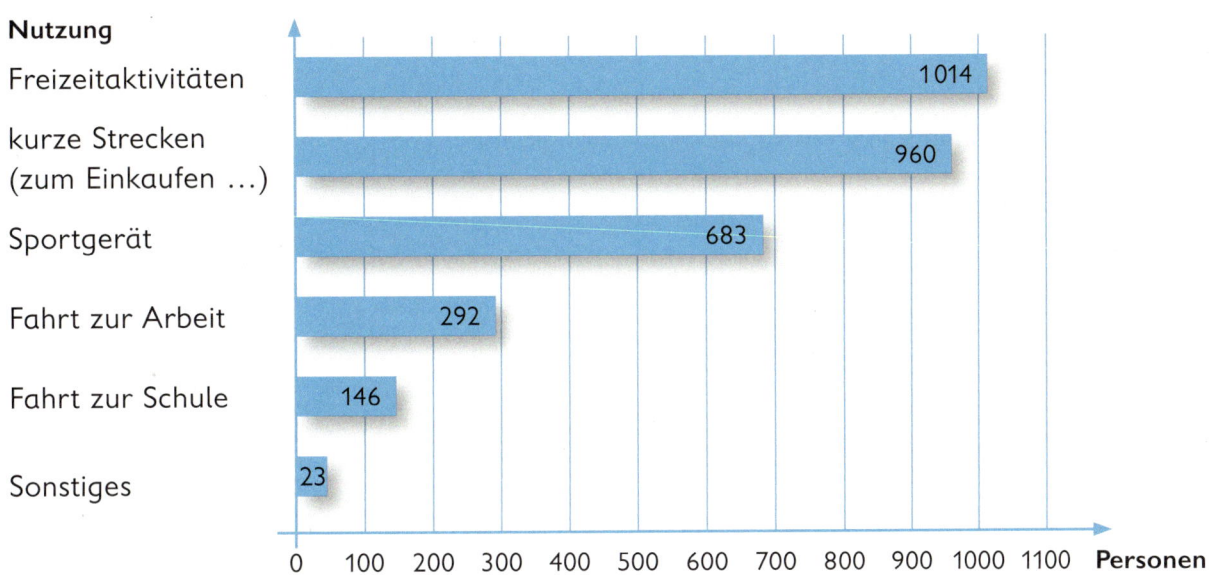

Nutzung	Personen
Freizeitaktivitäten	1014
kurze Strecken (zum Einkaufen …)	960
Sportgerät	683
Fahrt zur Arbeit	292
Fahrt zur Schule	146
Sonstiges	23

1 Wertet das Säulendiagramm aus. Formuliert Aussagen.

In anderen Ländern sind Fahrräder heute nicht nur Fortbewegungsmittel, sondern auch Transportmittel.

Vietnam
Hier muss man nicht Autobesitzer sein, um Mengen von Waren transportieren zu können.

USA
In der Stadt ist ein Fahrradkurier viel schneller unterwegs als ein Auto, das sich durch den Stau drängen muss.

Indien
Einst waren Rikschas in Indien Tradition. Heute sind sie mehr und mehr eine Attraktion für Touristen.

Wesentliche Veränderungen in der Nutzung eines Verkehrsmittels am Beispiel des Fahrrades nachvollziehen

Freundeseite

Unsere Welt – früher und heute

Einen Geschichtsfries gestalten

Auf einem Geschichtsfries könnt ihr einen Zeitpfeil mit Texten und Bildern zu verschiedenen Themen anbringen, zum Beispiel zur Geschichte eures Wohnortes, eures Schulortes oder eurer Schule.

Ihr braucht:

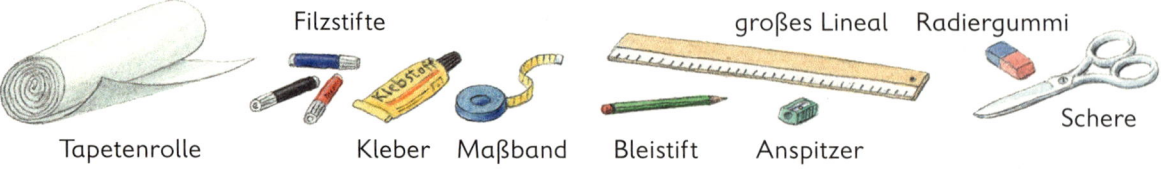

Tapetenrolle — Filzstifte — Kleber — Maßband — Bleistift — Anspitzer — großes Lineal — Radiergummi — Schere

Geht so vor:
- Schneidet die Tapetenrolle nach der Wandlänge zu.
- Zieht für die Zeiteinteilung über die ganze Länge einen waagerechten Strich (Pfeil).
- Teilt den Pfeil durch genaues Abmessen in gleiche „Zeitabschnitte" ein.

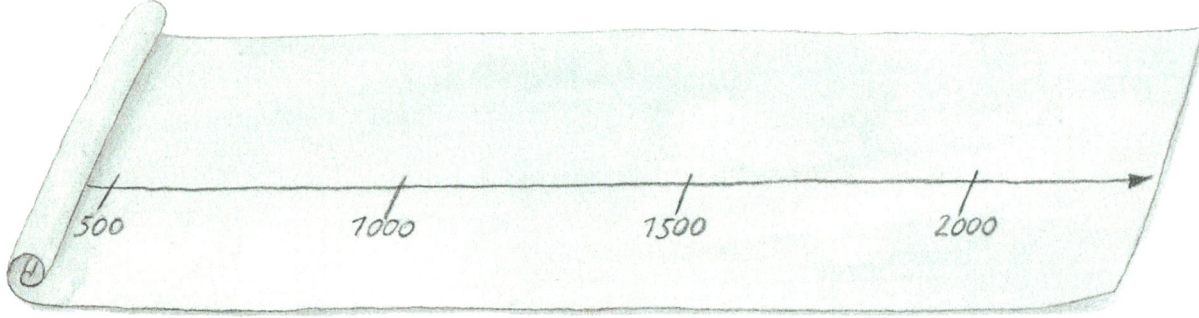

- Tragt die Jahreszahlen entsprechend dem Inhalt ein, zum Beispiel: Von der Gründung Magdeburgs im Jahr 805 bis heute.
- Schreibt kurze Texte, sammelt oder malt Bilder. Ordnet sie den passenden Zeiten zu. Klebt die Texte und Bilder auf.

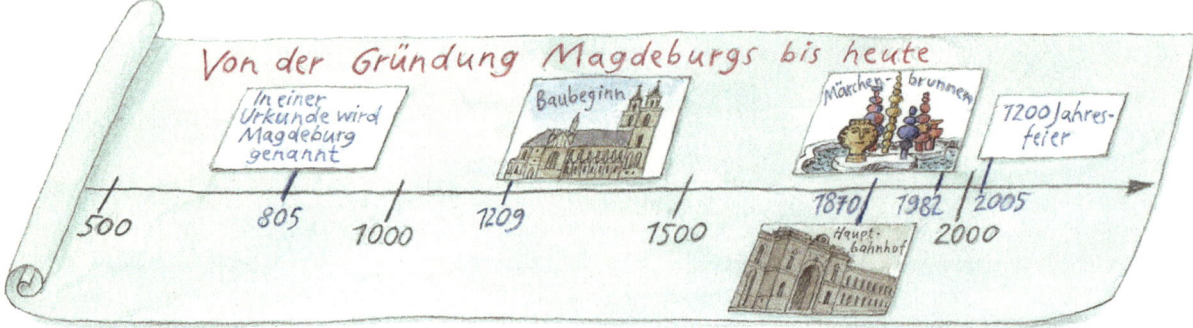

1 Einigt euch in der Klasse auf ein Thema für einen Geschichtsfries. Sammelt Material und gestaltet damit den Fries.

Konsum und Medien

Warum gibt es Werbung für Kinder?
Wie gestaltet man eine gute Werbung?
Brauchen Kinder Taschengeld?

Konsum und Medien

Was Werbung will

Werbung will informieren, aber vor allem etwas anpreisen, zum Beispiel:
- Produkte: das neue Computerspiel, den tollen Schulfüller für Linkshänder, das kernige Knusper-Müsli, die federleichten Sportschuhe einer bestimmten Marke oder das supersanfte Pickel-Ex.
- Dienstleistungen: aktuelle Informationen über Freizeiteinrichtungen oder Angebote zur Nachhilfe beim Lernen.
- Veranstaltungen: Konzerte, Theaterstücke, Kinofilme, Ausstellungen, Fußballspiele.

Die Werbung sagt dir zum Beispiel:
Mit dem neuen Computerspiel erlebst du tolle, spannende Abenteuer. Oder: Der neue Schulfüller hilft dir, viel besser zu schreiben.
Das neue Knusper-Müsli schmeckt und ist dabei so gesund. Außerdem gibt es noch Sammelbilder.
Mit den Super-Sportschuhen kannst du beim nächsten Sportfest bestimmt gewinnen.
Und das neue Pickel-Ex macht dich schön.
Die Ausstellung „Technik live" musst du unbedingt besuchen, sie macht dich viel klüger. Auch das Konzert mit deinem Lieblingssänger oder deiner Lieblingsband darfst du nicht versäumen, es bringt dir großen Spaß.

Werbung verspricht sehr viel, sie soll dich zum Kaufen anregen.

1 Wer etwas verkaufen will, wirbt dafür. Finde für eine Werbung heraus:
– Wer wirbt?
– Wofür wird geworben?
– Wo wird geworben?
– Mit welchen Mitteln wird geworben?

2 Dokumentiere zum Werbefernsehen:
– Wann wird gesendet?
– Wofür wirbt man?
– Wie lange wird gesendet?

 Schreibe eine Woche lang auf, wo und wann du Werbung entdeckst. Fotografiere, schneide aus, male, schreibe …

Medienwirksame Werbung kennen lernen; kritisch das eigene Konsumverhalten bewerten

AH S.47

Konsum und Medien

Wie Werbung arbeitet

Werbung will deine Aufmerksamkeit erreichen:
- Mit Bildern:
  Werbung zeigt schöne oder sehr ungewöhnliche Bilder von Produkten. Darüber staunt der Betrachter und wird neugierig.
- Mit Worten:
  Lobende Worte preisen die Produkte an: neu, einzigartig, einmalig, billig, genial, super …
- Mit Texten:
  Die Texte sind kurz, wir merken sie uns schnell. Oft sind es lustige Sprüche oder Reime.
- Mit Filmen:
  Sie erzählen kurze Geschichten mit komischen Situationen oder einem überraschenden Schluss.

Wer möchte da nicht kosten?

Werbung nutzt oft, was du schon kennst und magst:
- Beliebte Figuren aus Filmen oder Büchern schmücken Kleidung, Federtaschen, Fahrräder …
- Fußballclubs bieten für ihre Fans T-Shirts, Taschen oder Sticker mit dem Logo der beliebten Mannschaft an.
- Berühmte Sportler und Künstler werben im Fernsehen oder auf Plakaten für Produkte. Ihre Botschaft heißt: „Vertrau mir, ich nehme das Produkt gern, bestimmt wirst du es auch toll finden."
- Werbung nutzt oft Farben, die Kinder besonders lieben.

1 Suche Beispiele, wie Werbung deine Aufmerksamkeit erreicht: mit Bildern, Worten, Sprüchen, mit Geschichten, Figuren …

Werbung vertuscht und täuscht manchmal:
Die Menschen auf einer Zigarettenwerbung sehen meist cool, jung und gesund aus. Aber Rauchen ist nicht gesund. Auf Zigarettenschachteln und Werbeplakaten steht sogar:

Rauchen kann tödlich sein

2 Hier erzählen die Bilder etwas anderes als der Text. Welche Bilder würden eher zu diesem Text passen?

Werbung untersuchen

- Finde heraus:
  – Verstehe ich alle Informationen?
  – Werde ich über Vor- und Nachteile des Produkts informiert?
  – Was bekomme ich, wenn ich es kaufe?
  – Stimmt die Werbung mit meiner Erfahrung überein?
  – Wie werde ich zum Kauf angeregt?

Medienwirksame Werbung kennen lernen; kritisch das eigene Konsumverhalten bewerten

Konsum und Medien

Brauchen Kinder Geld?

> Nein, meine Eltern kaufen mir alles.

> Ja, ich kriege Geld für gute Zensuren.

> Ich bekomme manchmal von Oma Geld. Davon kaufe ich mir Kaugummi.

> Ich bin für eigenes Geld, da lernt man sparen.

> Ich helfe unserer Nachbarin. Die gibt mir oft etwas Kleingeld.

> Ich kriege regelmäßig Taschengeld. Wenn ich etwas kaufe, weiß ich, was teuer und was billig ist.

> Nein, ich würde immer gleich alles für Unsinn ausgeben.

1 Was meint ihr zu den Aussagen der Kinder?

Wie kannst du dein Geld gut einteilen, es sparen oder sinnvoll ausgeben? Wenn du Taschengeld hast, dann solltest du gut überlegen, was du mit dem Geld machst: Es sofort für schöne Dinge ausgeben, die du gerade siehst? Oder für einen größeren Wunsch sparen? Manchmal möchtest du etwas haben, aber das Geld ist ausgegeben, oder es reicht nicht. Ein kleines Haushaltsheft kann dir helfen, den Überblick zu behalten. Du schreibst Einnahmen und Ausgaben auf und auch deine Wünsche. Dann kannst du überblicken, ob du sparen musst, um eine größere Sache anzuschaffen.

2 Stelle in einer Liste Dinge zusammen, die du wirklich brauchst.

3 Stelle in einer zweiten Liste Dinge zusammen, die du besitzt und eigentlich nicht brauchst.

4 Schau dir die Listen in einem halben Jahr noch einmal an. Was denkst du jetzt über deine Aufzeichnungen?

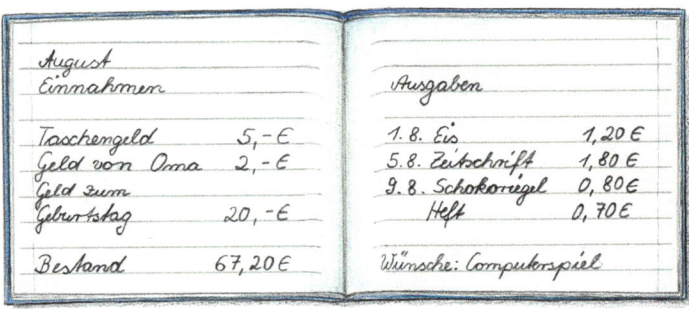

 Es gibt auch Wünsche, die man mit Geld nicht erfüllen kann. Welche Wünsche fallen dir dazu ein?

Das eigene Konsumverhalten kritisch bewerten; Wenn-dann-Beziehungen bei alltäglichen Entscheidungen berücksichtigen

AH S.48

Konsum und Medien

Verlockend für Mädchen und Jungen

Werbung verlockt auch Kinder zum Kaufen,
Mädchen und Jungen unterschiedlich.

Werbefachleute untersuchen zum Beispiel ganz genau:
- Was wünschen sich Mädchen?
- Mit wem spielen Mädchen und wie spielen sie?
- Was wünschen sich Jungen?
- Mit wem spielen Jungen und wie spielen sie?
- Wie kann man bei Mädchen und Jungen Wünsche wecken?

Das haben sie herausgefunden:
Mädchen spielen oft mit zwei, drei Freundinnen zusammen.
Sie sprechen gern mit ihren Freundinnen und mit ihrem
Spielzeug. Sie schmücken sich gern.
Jungen nehmen gern etwas auseinander und bauen.
Viele Kinder sammeln gern – Figuren, Autos, Sticker ...

Die Hersteller haben daraufhin diese Sachen entwickelt:

Für Mädchen   Für Jungen   Für Mädchen und Jungen

1 Findet Beispiele, wie Mädchen und Jungen
zum Kaufen verlockt werden.
Was soll verkauft werden?

Freundeseite

Konsum und Medien

Werbung selbst gestalten

Auf der Straße vor der Schule ist ein Müllkübel umgekippt. Der Wind weht die Abfälle bis in die Häuserecken.
Im Wäldchen hinter der Schule haben Autofahrer alte Autoreifen entsorgt.
Das alles ärgert die 4 b.

Die Kinder gestalten ein Plakat.

Eine Werbung gestalten

- Überlege:
  – Wofür will ich werben?
  – Wen soll die Werbung erreichen?
  – Welche Werbemittel sind geeignet?
    Plakat, Faltblatt, Video, Internet …
  – Welche Bilder veranschaulichen das Anliegen?
  – Welche Texte lassen sich gut merken, zum Beispiel: kurze, knappe Informationen, überzeugende Argumente, originelle Wörter oder Sätze, eine gut lesbare Schrift.
  – Welche Materialien brauche ich?
    Pinsel, Stifte, Zeichenkarton, Fotos …

WIR WOLLEN UNSEREN WALD OHNE MÜLL!
Macht alle mit!

Medienwirksame Werbung gestalten; unterschiedliche Präsentationsmöglichkeiten nutzen, z. B. Plakate, Übersichten, Zeichnungen, Fotos, Rollenspiele

Im Sommer

Wie unterscheiden sich einjährige von zweijährigen Sommerblumen?
Wohin fließt das Schmutzwasser nach dem Geschirrspülen?
Wie zeichne ich ein Schema?

Im Sommer

Sommerblumen und Staudengewächse

Im Sommer wachsen viele Blütenpflanzen in unseren Gärten. Diese Zierpflanzen kann man nach ihrer Lebensdauer in einmal blühende und mehrmals blühende Pflanzen unterteilen.

Einjährige Sommerblumen

Ringelblume

Bechermalve

Sonnenblume

Beispiel: Ringelblume

Frühjahr — Sommer — Herbst — Winter

Entwicklung: 1 Samen keimen 2 Pflanzen wachsen 3 Pflanzen blühen 4 Früchte reifen 5 Samen bilden sich 6 Pflanzen sterben ab

Zweijährige Sommerblumen

Stiefmütterchen

Vergissmeinnicht

Stockrose

Beispiel: Stiefmütterchen

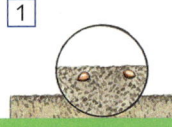

Sommer — Frühherbst — Winter — Frühjahr — Sommer — Spätherbst

Entwicklung: 1 Samen keimen 2 Pflänzchen werden am neuen Standort ausgepflanzt 3 Pflänzchen überwintern 4 Pflanzen wachsen und blühen 5 Pflanzen blühen 6 Pflanzen bilden Früchte mit Samen und sterben ab

1 Schreibe einen Steckbrief zu einer Sommerblume.

Mehrjährige Pflanzen

Mehrjährige, krautige Pflanzen nennt man Stauden. Stauden sind winterhart.
Viele Sorten verlieren im Winter ihre Blätter.
Der Gärtner sagt: „Die Pflanze zieht sich ein". Der Wurzelstock überdauert in der Erde diese Ruhezeit im Winter.
Die gleiche Pflanze treibt im nächsten Frühjahr wieder aus. Manche Stauden blühen schon im Frühjahr, andere erst im Sommer bis in den Herbst hinein.
Alle Stauden sind pflegeleichte Pflanzen.

Gänseblümchen

Frühlings-Christrose

Akelei

Lavendel

Phlox

Gemeine Pfingstrose

So pflegt man Lavendel
- Aussaat: Lavendel im März in Töpfe säen und im Mai in kalkhaltigen Boden umpflanzen
- Standort: trocken, sehr sonnig
- Düngung: wenig düngen (etwas, wenn die Blüte nachlässt)
- Pflege: regelmäßig Unkraut entfernen, mäßig gießen
- Zurückschneiden: Pflanze nach der Blüte (spätestens August) auf gut die Hälfte der Höhe zurückschneiden, es ist auch möglich im März des kommenden Jahres

2 Welche Gartenstaude kennst du?
Wann blüht die Pflanze?
Wie muss sie gepflegt werden?
Notiere Stichpunkte.

Ooo, ein Lavendelblütensäckchen!

So wird es gemacht:
Lavendelblüten für Duftsäckchen musst du kurz vor dem vollständigen Aufblühen der Blüten schneiden.
Nimm auch einige Blättchen dazu.

Im Sommer

Wie Blüten aufgebaut sind

Klatschmohn

Raps

Wiesen-Glockenblume

Sträucher, Blumen und Bäume in deiner Umgebung blühen in vielen Farben: violett, gelb, weiß, rot, blau … Auch ihre Blütenformen sind verschieden.
Vier gelbe zarte Kronblätter schmücken jede Blüte des Rapses. In der Blütezeit wird ein Rapsfeld zum „gelben Meer".
Die Blüten der Wiesen-Glockenblume gleichen zarten Glöckchen, die sich dem Licht zuwenden. Und der scharlachrote Klatschmohn öffnet bei Sonnenschein seine Blüten wie kostbare Schalen.

Obwohl die Blüten verschieden aussehen, haben sie einen ähnlichen Aufbau.

1 Schau dir verschiedene Blüten an. Beschreibe ihre Farben und Formen. Fotografiere einige.

2 Beobachte Pflanzen. Welche Tiere besuchen die Blüten? Schreibe einen Steckbrief zu einem dieser Tiere.

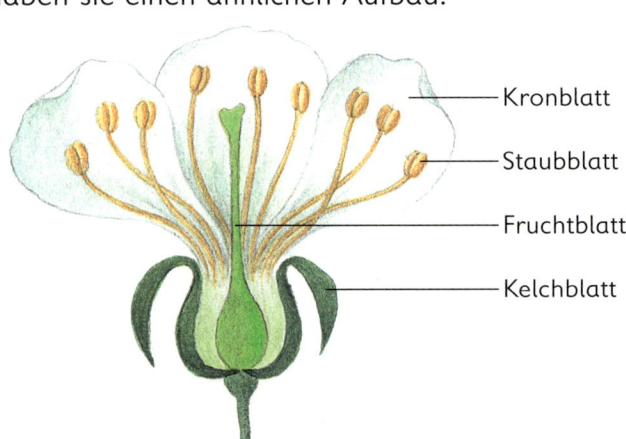

– Kronblatt
– Staubblatt
– Fruchtblatt
– Kelchblatt

Schema einer Kirschblüte

Kirschblüte von oben

Im Sommer

Welche Aufgaben haben die Teile einer Kirschblüte?

Kelchblätter: Sie sehen aus wie ein Kelch und schützen die inneren Blütenteile vor dem Aufblühen.

Kronblätter: Sie können auffällig gefärbt sein und locken durch Duft und Farbe Insekten und andere Tiere an.

Fruchtblatt: Hier wird die Frucht mit den Samen gebildet.

Staubblätter: Sie enthalten in den Staubbeuteln den Blütenstaub – den Pollen.

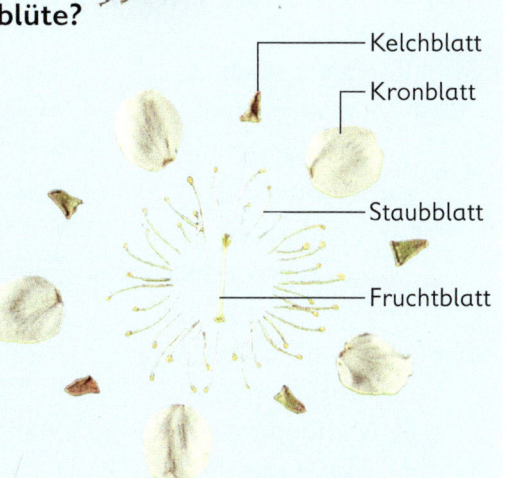

Die Teile der Kirschblüte

3 Zerlege eine Kirschblüte vorsichtig mit einer Pinzette in ihre einzelnen Teile.

Warum bilden Kirschbäume so prächtige Blüten aus?

Die Kirschbäume blühen nur zu einem Zweck: um Früchte mit Samen zu bilden und sich durch Samen fortzupflanzen.
Samen bilden sich nur dann, wenn Blütenstaub (Pollen) von einer Blüte auf das Fruchtblatt einer anderen Blüte gelangt.
Dort keimt der Pollen aus, befruchtet die Eizelle im Fruchtblatt – der Samen entwickelt sich.
Doch Kirschbäume sind angewachsen. Wie kann der Pollen von einer Pflanze zur anderen gelangen?

Bienen saugen mit ihrem Saugrüssel den süßen Nektar vom Blütenboden und sammeln Pollen in den Pollenhöschen an ihren Hinterbeinen. Beim Hineinkriechen in die Blüte bleibt der klebrige Pollen auch an ihrem „Pelz" hängen. Wenn sie von Blüte zu Blüte schwirren, übertragen sie diesen Blütenstaub auf andere Blüten.
Ohne die Bestäuber, die Bienen, gäbe es keine Früchte und Samen.

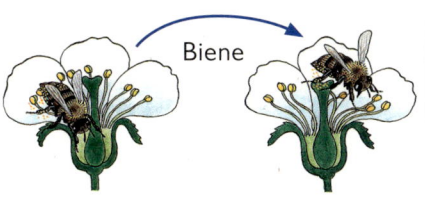

Biene mit Pollenhöschen

Den detaillierten Aufbau und die Funktion einer Blüte am Beispiel einer Kirschblüte erkunden

Im Sommer

Woher kommt das Trinkwasser?

1 Informiert euch:
- Wie wird euer Trinkwasser gewonnen?
- Wie teuer ist das Trinkwasser?

2 Füllt einen Eimer mit Wasser, messt die Menge und berechnet den Preis.

 Besichtigt ein nahe gelegenes Wasserwerk.

Trinkwasser kommt gereinigt aus Wasserwerken. Woher aber bekommen die Wasserwerke das Wasser? Niederschläge versickern im Boden durch Sand und Kies. Ihr Wasser staut sich als Grundwasser, das manchmal als Quelle wieder aus der Erde fließt. Fließt sie reichlich, wird ihr Wasser durch Rohre zu einem Wasserwerk geleitet.
Im Bergland wird Wasser von Bächen und Flüssen in Trinkwassertalsperren gestaut und zu den Wasserwerken geleitet. Im flachen Land gewinnt man Grundwasser meist aus Tiefbrunnen.
Auch Flusswasser eignet sich zur Trinkwassergewinnung. Es sickert in Ufernähe durch Sand und Kies in Brunnen ein und wird zu den Wasserwerken geführt.

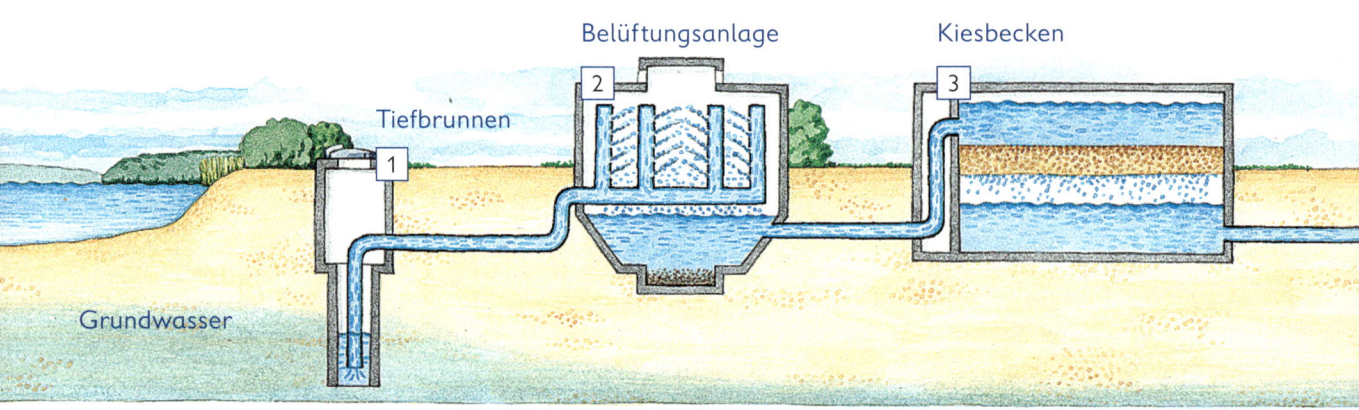

Grundwasser wird in Tiefbrunnen gesammelt und mit Pumpen nach oben befördert.

Im Wasserwerk wird das Wasser belüftet. Dabei verbinden sich schädliche Stoffe zu Flocken.

Das Wasser läuft zur Reinigung durch Kiesschichten. Dort werden die Flocken aufgefangen.

Veränderungen in der Natur durch menschliche Eingriffe erkennen, Wasser nutzen; verunreinigtes Wasser filtern, sparsamen Umgang begründen und umsetzen   AH S.51

Im Sommer

3 Erkunde, wie viel Trinkwasser gebraucht wird, um dies herzustellen:
- ein Kilo Brot,
- ein Kilo Zucker,
- eine Tonne Papier,
- eine Tonne Stahl.

4 Wozu wird im Haushalt Trinkwasser gebraucht?

5 Gestaltet eine Übersicht: Trinkwasser sparen – aber wie?

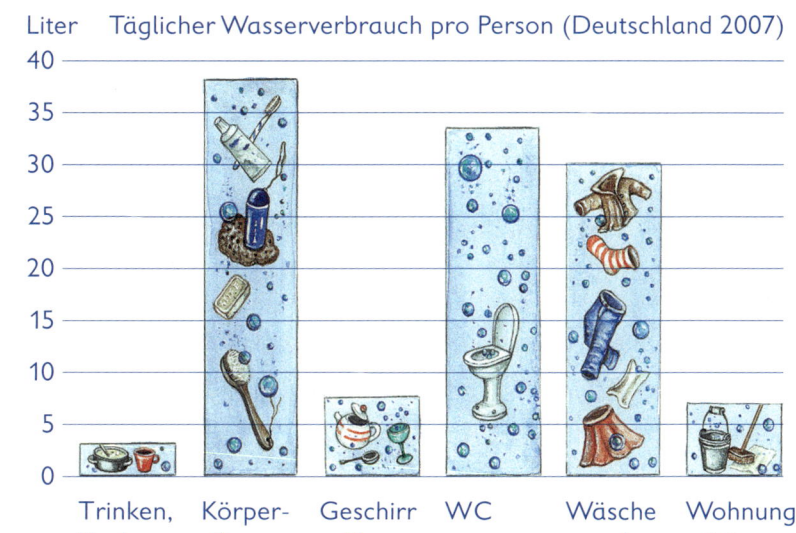

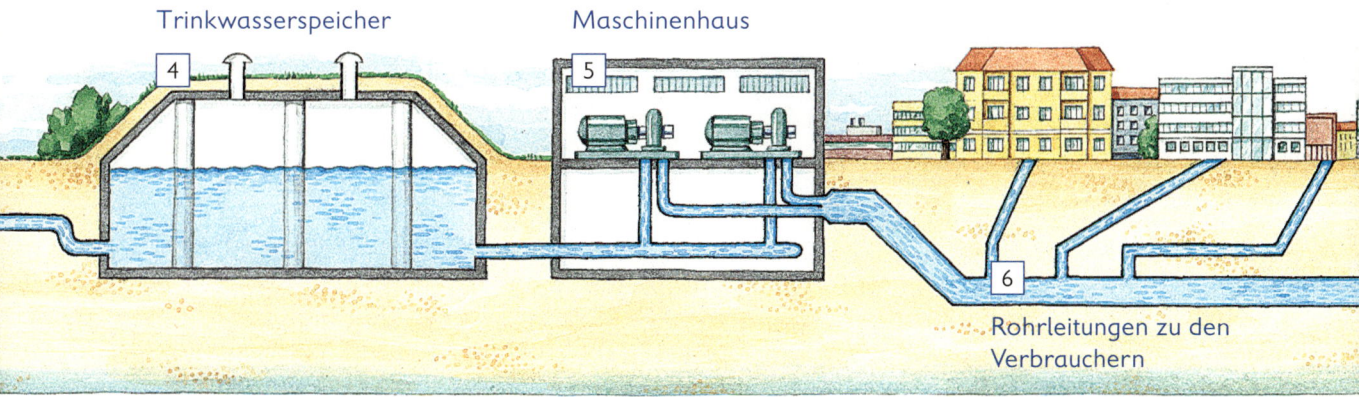

Sauberes Trinkwasser wird in Reinwasserbehältern gespeichert und bei Bedarf abgegeben.

Trinkwasserpumpen pumpen das Wasser durch Rohrleitungen zu den Verbrauchern.

Den Wasserverbrauch in jeder Wohnung zählen Wasseruhren. Das Wasser muss bezahlt werden.

Veränderungen in der Natur durch menschliche Eingriffe erkennen, Wasser nutzen; verunreinigtes Wasser filtern, sparsamen Umgang begründen und umsetzen   AH S.51

Im Sommer

Wohin fließt das Abwasser?

1 Erforsche: Wodurch wird in eurem Haushalt Trinkwasser verschmutzt? Wie könntet ihr diese Verschmutzung verringern?

2 Erkunde, wie viel Abwasser jährlich in deiner Schule entsteht. Womit wird das Wasser vor allem verschmutzt?

Noch vor 100 Jahren wurde Abwasser meist in die Gewässer geleitet. Die Menschen hatten beobachtet, dass fließende Flüsse und Bäche mit der Zeit wieder sauber wurden. In der Nähe großer Orte wurde Abwasser zum Beispiel auf unbebautes Land in Gräben geleitet. Dort versickerte es im Boden. Auf dem Weg durch die verschiedenen Bodenstufen wurde es gefiltert und so wieder zu reinem Grundwasser. Heute belasten vor allem Industrie, Landwirtschaft und Verkehr, aber auch Haushalte das Wasser. Die „Naturfilter" reichen nicht mehr aus, die Abwässer müssen in Klärwerken gereinigt werden. Das Reinigen ist technisch sehr aufwändig und teuer. Deshalb sollten alle Menschen sparsam mit Wasser umgehen und es weniger verschmutzen.

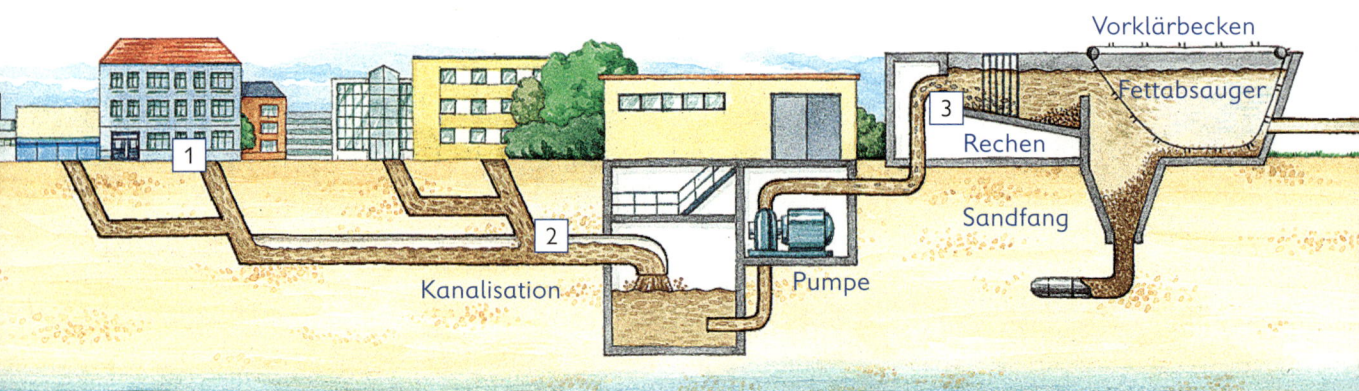

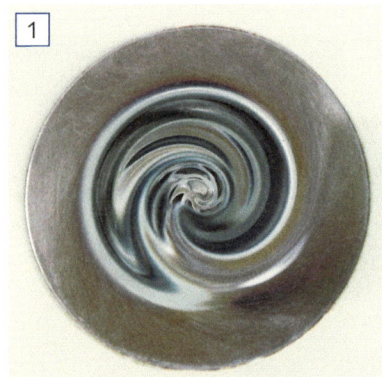

Abwasser aus den Gebäuden fließt durch Abwasserrohre, Regenwasser von den Straßen durch Gullys in die Kanalisation.

Unter den Straßen werden die Abwässer in der Kanalisation gesammelt und weiter in ein Klärwerk geleitet.

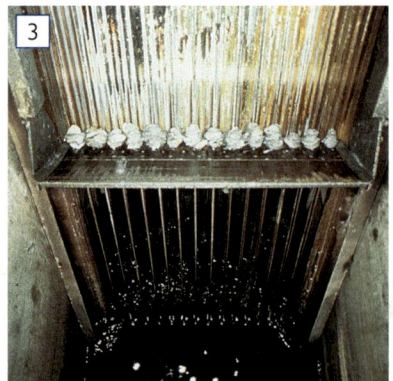

Am Rechen bleiben zuerst Holz, Papier und grobe Teile hängen. Sand setzt sich ab. Fette werden von der Oberfläche abgesaugt.

Reinigung von Brauchwasser und Maßnahmen zur Reduzierung des Wasserverbrauchs im Haushalt besprechen

AH S.51

Im Sommer

Wasser im „Klärwerk"

Wie verändert sich Schmutzwasser durch Filtern?   Versuchsaufbau:

Ihr braucht:
- 4 Bechergläser, 3 Filter mit Filtertüten,
  darin: **1** gewaschener Kies
  2 gewaschener Sand
  3 Filterwatte
- Schmutzwasser: Leitungswasser,
  vermischt mit Gartenerde und Sägespänen

Geht so vor:
- Lasst das Schmutzwasser nacheinander durch die drei Filter laufen.
- Notiert, wie es sich nach jedem Filtergang verändert. Achtet auf den Geruch.

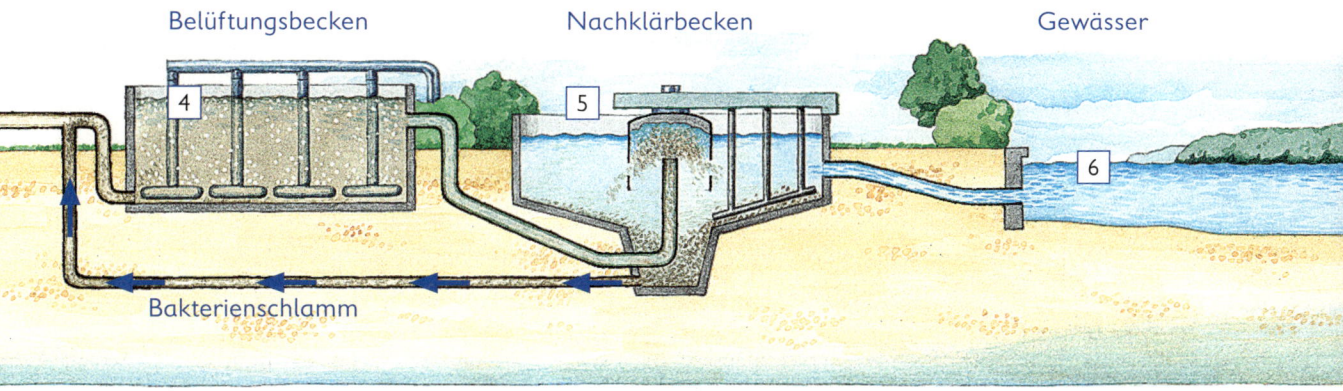

Zum Belüften werden dem Wasser viel Sauerstoff und Bakterien zugesetzt. Die Bakterien „fressen" die restlichen Schmutzteilchen.

Im Nachklärbecken sinkt der Schlamm mit den Bakterien zu Boden. Er wird dem Belüftungsbecken zugeführt.

Nun ist das Wasser so sauber, dass es wieder in Seen oder Flüsse eingelassen werden kann.

Reinigung von Brauchwasser und Maßnahmen zur Reduzierung
des Wasserverbrauchs im Haushalt besprechen

Im Sommer

Wenn bei uns Sommer ist ...

An vielen Orten bringt der Sommer Naturkatastrophen mit sich, die nicht nur die Natur zerstören, sondern auch die Lebensgrundlage der dort wohnenden Menschen.
Viele Wissenschaftler warnen schon lange: Geht sorgsamer mit dem Planeten Erde um!
Denn viele Katastrophen entstehen durch das Eingreifen des Menschen in die Natur, zum Beispiel durch das Abholzen von Wäldern, das Begradigen von Flüssen oder die Verschmutzung der Luft.

Pakistan 2010: Überschwemmungen
Starke Regenfälle führen zu verheerenden Überschwemmungen. Es werden über 20 Millionen Menschen obdachlos. Das Hochwasser vernichtet die Ernte. Häuser, Straßen und Brücken werden fortgespült.

„Die Bäume halten den Himmel. Wenn der Wald verschwindet, bricht das Himmelsdach zusammen. Dann gehen Menschen und Natur gemeinsam zugrunde."

Alte indianische Weisheit

USA 2005: Hurrikan
Der Hurrikan Katrina richtet enorme Schäden an. Der starke Wind, der Regen und die Sturmflut beschädigen und zerstören Häuser und ganze Landschaften. Stark betroffen ist die Stadt New Orleans. Der Sturm durchbricht Wände von Kanälen und die Deiche. Fast die ganze Stadt steht bis zu 7,60 m unter Wasser.

Russland 2010: Waldbrände
Russland erlebt den heißesten Sommer seit 130 Jahren. Die große Hitze und andauernde Trockenheit führen zu riesigen Wald- und Torfbränden. Dörfer in der Nähe werden vernichtet. Der aufsteigende Rauch ist auch im entfernten Moskau zu spüren: Die Menschen sehen zeitweise nur 50 m weit. Das Atmen fällt vielen schwer.

1 Bei Naturkatastrophen ist schnelle Hilfe nötig. Findet Beispiele für Hilfsmaßnahmen in Deutschland und anderen Ländern. Fertigt ein Plakat an.

Freundeseite   Im Sommer

Ein Schema zeichnen

Betrachte in diesem Buch zwei Schemata, die Vorgänge darstellen: „Woher kommt unser Trinkwasser?" (Seite 122, 123) und „Wohin fließt unser Abwasser?" (Seite 124, 125).
Sie zeigen: Ein Schema stellt in einer einfachen Zeichnung nur das Wichtigste dar. Schemata helfen dir, Vorgänge, komplizierte Objekte oder Zusammenhänge leichter zu verstehen oder auch selbst vereinfacht darzustellen.

Mein Schema: Kopf, Rumpf, Schwanz, 4 Beine.

Mit einem solchen Schema kannst du darstellen, wer zu deiner Familie gehört. Zugleich zeigst du, wer die älteren und wer die jungen Familienmitglieder sind.

Dieses Schema zeigt, welche „Bauteile" alle Blüten von Blütenpflanzen haben. Du erkennst auch sofort, wie die Teile angeordnet sind.

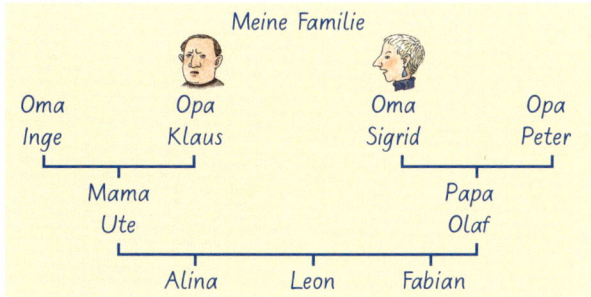

Ein Schema zeichnen

- Plane dazu vorab:
  – Was genau will ich darstellen?
  – Welche Überschrift wähle ich?
  – Wo finde ich Informationen?
  – Welche wichtigen Informationen will ich wiedergeben?
  – Was brauche ich zum Zeichnen?
  – Wie führe ich die Zeichnung aus?
- Zeichne einfache, übersichtliche Formen und klare Farben.
- Beschrifte mit Wörtern oder mit kurzen Texten.

So stellst du die lange Anleitung des Wegweisers als übersichtliches Schema dar.

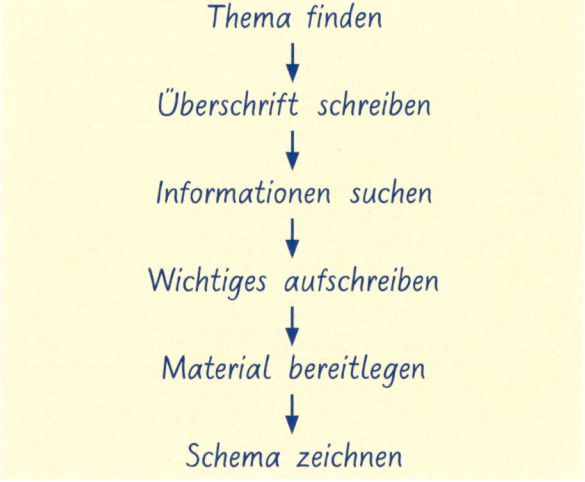

1 Erstelle ein Schema zu einem selbst gewählten Thema. Schreibe darunter, wie du vorgegangen bist.

Ideen, Lösungswege, Ergebnisse sprachlich, bildlich und handelnd darstellen; Sachverhalte, Zusammenhänge aus Schemata unter Nutzung von Termini beschreiben

Bildquellen

5 Collage unter Verwendung von Schülerarbeiten der Stephan-Lochner-Schule Köln; Fotos: Barbara Sengelhoff, Köln; **10** picture alliance/dpa/Frank Leonhardt; **11** picture alliance/dpa/Gunilla Graudins (1); mauritius images/P. Widmann (2); Pavan/AGE/F1online (3); **13** picture alliance/OKAPIA/J-L. Klein & M-L. Hubert; **14** picture alliance/OKAPIA/Hans Reinhard (1); Harald Lange NaturBild, Bad Lausick (2); Peter Wirtz, Dormagen (3); **15** Juniors (1); Harald Lange NaturBild (2, 4); IFA-Bilderteam, München/Elfner (3); **18** Harald Lange NaturBild (1); Wikipedia/GNU/U Hon Kahn (2, 3); **19** Hans E. Laux, Biberbach a. d. Riß (1, 4); Reinhard-Tierfotos, Heiligkreuzsteinach (3); Cornelsen Verlagsarchiv (2); **20** Arco Images/NPL (1); Corel Libraray (2); **21** picture alliance/KPA/Gerken & Ernst (1); picture alliance/OKAPIA/RainerErl (2); **22** Günter Rieger, Karve; **27** Ingrid Dröse, Oberasbach (1); Steffen Weidinger, Berlin (2); **28** Romvo/Fotolia (1); Majaan/Fotolia (2); Stihl024/Pixelio (3); Naty Strawberry/Fotolia.com (4); Cornelsen Verlagsarchiv (5); **31** avenue images/Hamburg/Gerhard Medoch, Berlin; **34** mauritius images/Bernhard Lehn (Pannendienst); picture alliance/Bildagentur-online/TET (Restaurantbesitzer); Eliandric/iStockphoto (Manager); AVAVA/Fotolia (Lehrerin); **35** Nikada/iStockphoto.com; **36** Cornelsen Verlagsarchiv (Piktogramm); picture alliance/dpa/epa AFP archiv (2); Caro Fotoagentur/Stefan Trappe, Berlin (3); **37** Cornelsen Verlagsarchiv (Piktogramm); Wolfgang Gressmann (2); laif, Köln (3); Geert van Kesteren/Agentur Focus, Hamburg (4); **39** Peter Wirtz; **40** Joseph Moseley Barber: A cottage home (In der Küche eines Landhauses) 1875, The Bridgeman Art Libraray/Berlin, London (1); Artothek, Weilheim (2); **41** Artothek; **44** Helga Golz, Zühlsdorf (1, 2); Familie Goetz, Kuhndorf (3); **45** Superbild (1); Noam Armonn/iStockphoto.com (2); www.schuleoberbueren.ch/pictures/1000/1897.jpg (3); **46** Stefan Wagner, Berlin (1); Rainer J. Fischer, Berlin (2); **47** Gerhard Medoch; **48** Saskia Klemm, Berlin; **51** Cornelsen Verlagsarchiv; **53** Plakat: Deutsche Krebshilfe e.V., Bonn; **56** Cornelsen Verlagsarchiv; **60** Foto: Lennarty Nilsson/Bonnier Alba AB, SO KAMST DU AUF DIE WELT. Mosaik-Verlag, Stockholm; **61** Foto: Lennarty Nilsson/Bonnier Alba AB, SO KAMST DU AUF DIE WELT. Mosaik-Verlag, Stockholm; **62** A1PIX/OPN; **64** Cornelsen Verlagsarchiv; **68** Cornelsen Verlagsarchiv; **69** air press/Lothar Willmann, Groß Schönebeck; **70** akg-images, Berlin (1, 3); picture alliance/ZB/Thomas Schulze (2); Cornelsen Verlagsarchiv (4); **71** picture alliance/dpa/ZB/Jens Wolf (1); MVGM Magdeburg, Foto: Werner Klapper (2); akg-images (3); **72** Foto-Wiedemann, Salzwedel/Ev. Kirchengemeinde Riebau; **73** Bernd Schulz/AltmarkWeb, Bierstedt (1); picture alliance/ZB/Peter Förster (2); **74** MDR Landesfunkhäuser Sachsen, Sachsen-Anhalt, Thüringen: Unterwegs in Sachsen, Sachsen-Anhalt, Thüringen: Die schönsten Touren aus der beliebten Senderreihe im MDR Fernsehen, Schlüter, Hannover 1999 (1); Christian Kupfer, Naumburg (2); Harald Lange NaturBild (3); Greta Flohe/Intro/ib/F1online (4); Rotofrank/iStockphoto.com (5); **75** Technisches Halloren- und Saline-Museum, Halle (Saale) (1); Halloren Schokoladenfabrik AG, Halle/Saale (2, 3); Bildarchiv Werner OTTO, Oberhausen (4); **77** mauritius images/Harald Schön (1); Foto in: Der Elbe-Havel-Kanal. Eine moderne Wasserstraße mit Zukunft. Bundesministerium für Verkehr (2); Flughafen Dresden GmbH (3); **78** Die Saline Schönebeck im Jahr 1771 (Detail), Museum des Landkreises Schönebeck (1); picture alliance/ZB/Waltraud Grubitzsch (2); **79** picture alliance/dpa-Fotoreport/Jens Wolf (1)/Peter Förster (2); **80** www.gildo.ch (1); Rainer J. Fischer (2-Zuckerhut); Wirtschaftliche Vereinigung Zucker (3, 4, 5); www.Landesbildarchivbildung-ISA.de (6-Ernte), Collage Rainer J. Fischer; **81** www.Landesbildarchivbildung-ISA.de (1-Antransport); Aus: Die Zuckergewinnung aus der Zuckerrübe. Pfeifer & Langen, 9. Auflage (2-Verdampfen, 3-Waschen, 4-Schleudern, 6-Reagenzgläser); Rainer J. Fischer (5-Arten, 7-Produkte); Collage Rainer J. Fischer; **82** ullstein bild/KPA (1); Cornelsen Verlagsarchiv (2); QTM Archiv/Stadt Quedlinburg (3); Luise/Pixelio (4); **83** Volker Z/Fotolia.com (1) Dirk Schmidt/Pixelio (2); picture alliance/dpaweb/Ursula Düren (3); mauritius images/imagebroker/Hartmut Schmidt (4); **84** mauritius images/imagebroker/Oliver Gerhard (1); Caro Fotoagentur/Frank Sorge (2); Saale-Unstrut-Tourismus e.V., Naumburg (3); picture alliance/Schuetze/Rodemann (4); mauritius images/imagebroker/Helmut Meyer zur Capellen (5); Oliver Demian, www.fluss-radwege.de (6); mauritius images/Reiner Elsen (7); **86** Jürgen Junker-Rösch, Berlin; Verlag Heinrich Vogel GmbH, München (Nr.1); Peter Wirtz (Nr. 2, 3); **87** Peter Wirtz; **88** Cornelsen Verlagsarchiv (1–3, 5–6); Barbara Wilhelm, Berlin (4, 7); **89** Peter Wirtz; **90** Barbara Wilhelm (1–4, 6); www.radforum.de (5); Marek Lange, Berlin (7); **91** Marek Lange (1); Peter Wirtz (2–3); **93** BILD-ART PHOTOS/Döring, V., Hohen Neuendorf (1); UPM-Kymmene Papier GmbH Augsburg (2); Steffen Weidinger (3); **94/95** Siegfried Motschmann, Neuenhagen (1); **95** Ingrid Dröse (1); Cornelsen Verlagsarchiv (2); Marek Lange (3); Steffen Weidinger (4); **96** A1PIX/KTP, München (1); Th. Schulz (2); **97** picture alliance/OKAPIA KG/Birke; Gerhard Medoch, Berlin; **100** Cornelsen Verlagsarchiv (1); Prenzel, Gröbenzell (2); Rainer Förster (3): Frank Krahmer (4, 5); **101** Stefan Wagner (1); Christine M. Kaiser, Königslutter am Elm (2); Wikimedia/GNU/Frank Vincentz (3); Friedrich-Schiller-Universität Jena (4); **102** Horst Theuerkauf, Gotha; **103** picture alliance/OKAPIA/Büttner/Naturbild; **104** vario-press, Bonn/Oed (1); f1online/Frankfurt am Main/Asperger (2); Blickwinkel,Witten/Blumenstein (3); argos, Hamburg/Labhardt (4); **105** Peter Wirtz (1); privat (2); **106** Tobias Schneider, Berlin (1); akg-images (2); Cornelsen Verlagsarchiv (3–4); privat (5); **107** Cover: Erich Kästner, Emil und die Detektive. C. Dressler Verlag, Hamburg/© Atrium Verlag, Zürich (1); Cornelsen Verlagsarchiv (2); Bildart Volker Döring, Hohen Neuendorf (3); Reinhard Dressler, Ochsenfurt (4); **108** Archiv für Kunst und Geschichte, Berlin (1, 3); Deutsches Fahrrad Museum, Bad Brückenau (2, 4); **109** Jakob Leitner/iStockphoto (1); picture alliance/dpa/Rainer Jensen (2); mauritius images/Photononstop/Frédéric Soreau (3); **110** Günter Nordmann, Osnabrück; **111** Gerhard Medoch; **113** Stockfood, München; **114** Cornelsen Verlagsarchiv; **117** photoactive, München; **118** Marlena/pixeliode (1); Maja Dumat/pixelio.de (2); Hannana/pixelio.de (3); Marion/pixelio.de (4); paul adam/pixelio.de (5); Robert Morton/iStockphoto.com (6); **119** Joujou/pixelio.de (1); xfischerinx/pixelio.de (2); Chris Klein/pixelio.de (3); Rainer Sturm/pixelio.de (4); wrw pixelio.de (5); Beniamin Kraskov/fotolia.de (6); **120** Horst Theuerkauf; **121** blickwinkel/H. Schmidbauer; **122** Berliner Wasserbetriebe; **123** Berliner Wasserbetriebe (1, 2); Freelens Pool/Kirsten Neumann (3); Pixelio (4); **124** BildART Volker Döring (1); Berliner Wasserbetriebe (2, 3); **125** Berliner Wasserbetriebe (1, 2); artvertise, Gütersloh (3); **126** picture alliance/dpa/Rehan Khan (1); picture alliance/Photoshot (2); mauritius images/Photo Researchers (3); picture alliance/dpa/Sergei Chirikov (4)

Karten, wenn nicht anders ausgewiesen: Peter Kast, Ingenieurbüro für Kartografie, Wismar